TMS

— DER ULTIMATIVE LEITFADEN —

WIE ICH 99% IM TMS ERREICHT HABE – UND WIE DU DAS AUCH SCHAFFST!

Für Fragen und Anregungen:

f.fischer@polyidea.de

3. Auflage 2020

Autor:
Florian Fischer

Illustrator:
Sebastian Burgkart

ISBN 979-8-691-94168-9

Einleitung

28. Juni 2019. „Klicken Sie hier, um Ihr Ergebnis einzusehen." Klick. Ich schaue in das Gesicht meines Bruders. Verzieht sich seine Miene zu einem „Glückwunsch"-Grinsen oder zu einem wohlgemeinten „Aber du hast dein Bestes gegeben"?

Ich war so glücklich, als ich erfuhr, dass ich unter den Besten 1% in Deutschland war. Bin es immer noch. Denn das ist meine Eintrittskarte zu einem der heiß begehrten Medizinstudienplätze in Deutschland.

Dieses Buch soll dich dazu motivieren, ein genauso gutes oder vielleicht noch besseres Ergebnis zu erzielen. Denn Achtung, Spoiler: Mit einer Menge harter Arbeit, einem stählernen Durchhaltevermögen und den richtigen Vorbereitungsmaterialien kann das jeder – und zwar wirklich jeder. Das Wissen, wie du zu so einem Ergebnis kommst, möchte ich in diesem Büchlein an dich weitergeben. Nimm meine Hand und wir stapfen gemeinsam durchs Abenteuerland.

Das bin ich: Ein hochgewachsener, recht schlanker Junge, braunblondes Haar mit blau-grünen Kulleraugen. Dem wurde zu Beginn seiner Oberstufenzeit ein unaufhaltsames Verlangen in seinen Dickschädel eingepflanzt, die ganze spannende Welt der Medizin zu entdecken. Da stand ich nun also, voller Motivation. Was aber fehlte: Die Noten. Mit dem Ziel vor Augen, den für mich besten Abi-Schnitt rauszuholen, habe ich Blut und Wasser geschwitzt (an diesem Punkt das Sprichwort nicht allzu ernst nehmen). Tja, was soll ich sagen: Letztendlich bin ich mit einem Schnitt von 1,5 rausgegangen. Ich war stolz wie Oskar. Die Unis hat das aber herzlich wenig interessiert, denn man bekommt leider außerordentlich schnell den Vogel gezeigt, wenn man mit diesem Schnitt ernsthaft versucht, einen Studienplatz zu ergattern. So schnell konnte ich gar nicht „Desoxyribonukleinsäure" sagen. Wie dem auch sei: Erfreulicherweise gibt es für solche Fälle den TMS.

Der TMS, oder lang 'Test für medizinische Studiengänge' bietet dir die Möglichkeit, deine Chancen zu erhöhen, einen Studienplatz in Deutschland zu bekommen, auch wenn du kein 1,0-Schüler bist. In aller Regel kommt keiner, der schlechter als 1,0 ist, am TMS vorbei. So weit, so gut. Es gibt aber einen klitzekleinen Punkt, den ich besser nicht unerwähnt lassen sollte: Du darfst den TMS in deinem Leben nur ein einziges Mal schreiben. Uff. Das sitzt erstmal. Deshalb ist es besonders wichtig, dich – so gut es geht – vorzubereiten. Aber keine Panik. In diesem Buch vermache ich dir alle Strategien und Tipps, die mir zu meinem Ergebnis verholfen haben. Schwarz auf weiß. Damit kannst du eine Sache direkt schon mal knicken: Ausreden, die dich von deinem herausragenden Ergebnis abhalten.

Ganz ehrlich: Wenn du mich sehen würdest, dann wüsstest du: Wenn der das kann, kann ich das schon längst.

Also, was ist? Legen wir los und zeigen allen, was wir drauf haben?

Vorbereitung

Wann, wo und wie kann ich am TMS teilnehmen?

Wer kann überhaupt teilnehmen?

In a nutshell: Gymnasiast musst du sein.

Klar, Medizin studieren zu wollen ist zwar keine verpflichtende Voraussetzung, hilft aber doch beim Üben. Für Motivation und so. Du, aber ich gehe stark davon aus, dass in dir das Flämmchen der Begeisterung brennt. Habe ich irgendwie im Gefühl.

Grundsätzlich dürfen alle antreten, die in irgendeiner Form ihr Abitur oder ihre Matura machen werden. Zugelassen sind also sowohl human beings, die ihre Hochschulzugangsberechtigung schon in der Tasche haben als auch diejenigen, die ihr Abi gerade machen oder in der vorletzten Klasse vor ihrem Abschluss sind. Ich würde dir empfehlen, den TMS entweder in der vorletzten Klasse oder erst nach dem Abi zu machen – weil du dann durch das Abi nicht zu sehr vom Üben abgelenkt wirst. Und mal unter uns Pastorentöchtern: Die Abiturnote ist immer noch dasjenige Kriterium, das im Vergabesystem überall mit einfließt. Ergo: Besser erst mal aufs Abi konzentrieren.

Der TMS ist eine Once-in-a-Lifetime-Experience. (Auch wenn er sich nicht so anfühlt.) Du kannst ihn nur einmal in deinem Leben schreiben. Yeah!

Solltest du am Testtag noch minderjährig sein, benötigst du *unbedingt* eine *Einverständniserklärung deiner Erziehungsberechtigten.* Ansonsten darfst du aus rein rechtlichen Gründen nicht am TMS teilnehmen. Wahrscheinlich für Eltern gedacht, die ihre Kinder vom Medizin studieren abhalten wollen. Die Testleiter verziehen dabei nicht mal ihre Mundwinkel. Am Testtag musst du den unterschriebenen Wisch ausgedruckt vorlegen; du findest ihn im World-Wide-Web auf der offiziellen TMS-Website unter dem Kapitel „Anmeldung und Teilnahme".

Wann ist das Anmeldezeitfenster?

01. Dezember bis 15. Januar.

Der Testersteller ist ein Frühzünder und deutsch. Coole Mischung. Aber gefährlich irgendwie. Denn du musst alle Termine und Deadlines fristgerecht einhalten. Die verstehen da keinen Spaß und sind wirklich knallhart. Fünf Monate vorher heißt es schon: Anmelden, anmelden, anmelden. Eigentlich nur einmal. Nämlich vom 01. Dezember bis zum 15. Januar.

Ganz wichtig ist, dass du die Teilnahmegebühr in Höhe von *83€* rechtzeitig auf das Konto des Testerstellers überweist, da sonst keine Einladung in dein Postfach geflattert kommt. Ich sag ja: Don't f**k with them. Die Bankdaten werden dir zugeschickt und den Status deiner Anmeldung kannst du ganz easy in deinem persönlichen TMS-Account abfragen, den du bei deiner Anmeldung einrichtest.

Wie kann ich mich anmelden?

Über die TMS-Website: tmsinfo.org

Auch die TMS-Verantwortlichen sind inzwischen im Zeitalter der Digitalisierung angekommen, deswegen läuft das online über die offizielle TMS-Website: *tmsinfo.org*

Über diese Homepage kannst du im ersten Schritt deinen *persönlichen Account anlegen.* Fragen wie: „Wer bist du? Wo wohnst du? Welche ist deine Lieblingsfarbe?", wollen von dir beantwortet werden. Gut, der letzte Punkt wurde Stand 2020 noch nicht in den Fragenkatalog aufgenommen. Aber ganz ehrlich: Vielleicht haben sie die Anmeldung ja komplett neu strukturiert und wollen eine tiefere Bindung zu dir aufbauen. Vielleicht wird dir der Test ja in deiner Lieblingsfarbe ausgehändigt? Das wäre mega fetzig.

Sobald die Teilnahmegebühr beim Veranstalter eingegangen ist, kannst du mit dem zweiten Schritt beginnen: der *Auswahl deines Testortes*. Die Wahl des Testortes ist verbindlich und muss *bis* zum *23. Januar* abgeschlossen sein. Alles hat hier nämlich seine Ordnung.

So, jetzt hörst du erst einmal länger nichts mehr - ist ja auch noch eine Weile hin - bis du dann Ende März eine Einladung per E-Mail zugeschickt bekommst, die du *ausdrucken und zum Testtag mitnehmen* musst.

Voller Tatendrang schreibst du im nächsten Schritt den Test.

Wir kennen es schon: Dann wartest du wieder. Und zwar fast 2 Monate, obwohl der Test von einem Computer ausgewertet wird. (Gut, wahrscheinlich wirklich nur von einem einzigen. Und zwar einem, der sein letztes Update 1985 entgegennahm, so lange wie das dauert. Wenn du mal nicht weißt, wohin spenden – ich wüsste da eine Adresse...)

Bis Ende Mai hast du nun reichlich Zeit, dich bei *hochschulstart.de* verbindlich für dein Medizinstudium zu bewerben, erstmal auch ohne TMS-Ergebnisse. Die kannst du natürlich nachreichen. Und jetzt? Fällst du in einen ganz tiefen einmonatigen Sommerschlaf. OHMMM.

Bis Ende Juni wieder alles ganz schnell geht. Du siehst dein phänomenales Ergebnis: Eines, das du dir nicht mal in deinen kühnsten Sommerschlaf-Träumen ausgemalt hättest. Reiche das Testergebnis ein und fertig. Hört sich einfach an. Ist es auch.

Wo kann ich schreiben?

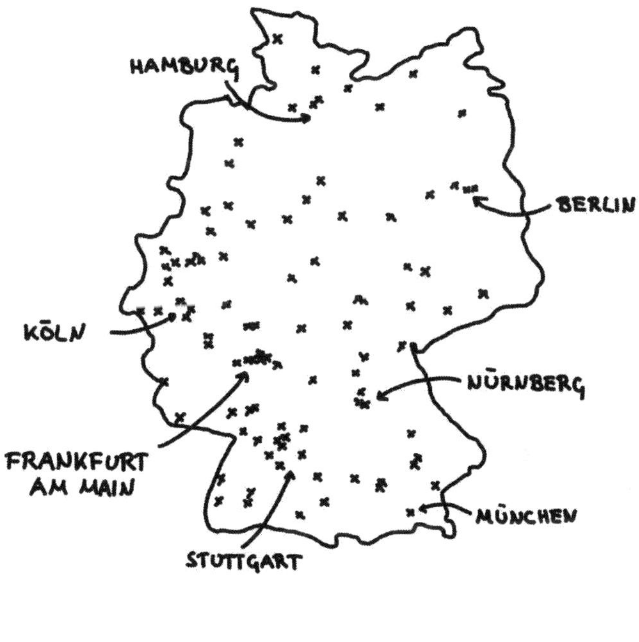

Die Kreuzchen auf der Karte stellen nicht etwa die Epizentren des Corona-Virus dar, sondern alle Testorte, an denen du den TMS schreiben kannst. Fällt dir etwas daran auf? Stichwort: Ost-West-Debatte? Anderes Thema. Naja, stell dir doch mal einen Berliner vor. Und nein, ich mein natürlich nicht das Gebäck (*haha*), sondern einen Hauptstädter. Dieser Mensch ist nun der Meinung, dass er ja ein ach so unerschrockener Risk-Taker ist und meldet sich in München zum TMS an. Das ist aus ökonomischen und erfolgstechnischen Gesichtspunkten vielleicht keine so kluge Idee, denn er muss nicht nur den Weg zusätzlich zahlen, sondern auch damit rechnen, dass der Zug der DB gehört (Verspätung!) oder Stau auf der A9 ist.

Deshalb: Wenn du nicht innerhalb von 20 Minuten zu Fuß, mit Auto oder Bahn am Zielort sein kannst, würde ich dir empfehlen, in der Nähe des Testortes ein Zimmer zu nehmen. Am besten kein 32er-Zimmer in einem Hostel (und ja, das gibt es), sondern ein Zimmer nur für dich, in dem du nicht von betrunkenen Engländern erst um 2 Uhr nachts, dann nochmal um 4 Uhr aus deinem friedlichen Schlaf gerissen wirst.

Abgesehen von den fragwürdigen Resultaten des Berliner Abenteurers, könnte er den Test auch gar nicht IN München machen, da die Mieten für die Hallen einfach zu teuer sind. Danke fehlende Mietpreisbremse. Der nächstgelegene Anlaufpunkt für München ist Dachau. Auch wenn das von Tür zu Tür in gut einer halben Stunde machbar ist, kann man nicht wissen, wie die Sterne an dem Tag stehen. Außer du bist Wahrsager, aber dann brauchst du den Test wahrscheinlich auch nicht.

Wenn du also eine Unterkunft buchst, brauchst du erstens nicht so früh raus und kannst so deinen Schönheitsschlaf länger genießen; zweitens hat dein Kopf eine Sorge weniger und wir müssen uns an diesem Tag so viel Entspannung nehmen, wie wir kriegen können.

Wir halten fest: Wähle denjenigen Testort aus, der am nächsten an deiner Behausung liegt und falls du den Testort nicht innerhalb von 20 Minuten (ausgenommen Helikopter: hier maximal 30 Minuten) erreichen kannst, nimm dir in der Nähe des Testortes ein Zimmer. Aber sei flink. Denn viele Unterkünfte rund um den Testort sind schnell ausgebucht.

Dabei hat die Wahl des Testortes keine direkten Auswirkungen auf dein Ergebnis. An allen Orten wird zur gleichen Zeit der gleiche Test geschrieben und vom gleichen Computer ausgewertet. (Ok, ich gebe zu: Den letzten Punkt nehme ich nur an, dazu habe ich im Gegensatz zu den ersten beiden Punkten keine gesicherten Informationen vorliegen.)

Außerdem bringt dir der Test bei allen Universitäten gleich viel. Aber Unterschiede gibt es trotzdem: Wir sind hier in Deutschland und jede Universität hat ihre ganz eigenen Regeln. So einfach machen es dir die Hochschulen nicht; du musst dich zu jedem Auswahlkriterium jeder Uni informieren, ob Kriterien für eine Zusage von deiner und ihrer Seite sprechen.

Merke: Manche Hochschulen sind spendabler mit der Verbesserung deiner Note als andere.

Wie ist der TMS aufgebaut?

Wie du in der Tabelle (Regie? Bestünde die Möglichkeit, Tabellen zu nummerieren? – „Nein." – Tolle Regie habe ich da.) erkennen kannst, ist der Test recht übersichtlich.

Untertest	Aufgaben-Anzahl	Zeit [min]	Maximal erreichbare Punkte	Gewertete Punkte
Muster zuordnen	24	22 Min.	24	20
Medizinisches-Nat. Grundverstädnis	24	60 Min.	24	20
Schlauchfiguren	24	15 Min.	24	20
Quant. = formale Probleme	24	60 Min.	24	20
Konzentriertes Arbeiten	1600 Zeichen	8 Min.	20	20
PAUSE				
Figuren & Fakten (Einprägephase)	20 Figuren 15 Patienten	4 Min. 6 Min.		
Textverständnis	24	60 Min.	24	18
Figuren & Fakten (Reproduktionsphase)	20 Figuren 20 Patienten-Fragen	5 Min. 7 Min.	20 20	20 20
Diagramme und Tabellen	24	60 Min.	24	20
Gesamt	184 & 1600 Zeichen	6 h und 17 Min.	204	178

Insgesamt freuen sich 9 Aufgabengruppen, von dir bearbeitet zu werden. Merk- und Konzentrationsfähigkeit, genauso wie dein biologisches Grundverständnis, werden dabei unter anderem überprüft.

Für die einen Aufgabengruppen bekommst du mehr, für die anderen weniger Zeit zugesprochen. Aber eines haben alle Aufgaben gemeinsam: Sie sind zeitlich so konzipiert, dass es dir schwer fallen wird, alle Aufgaben einer Aufgabengruppe vor Ende der Zeit zu bearbeiten und dann noch an den Rand Blümchen zu kritzeln. Was ich damit sagen will? Der Test ist eigentlich so konstruiert, dass du ihn in der gegebenen Zeit gar nicht schaffen kannst. Deshalb *zählt* hier *jede Sekunde*. Und jede genutzte Sekunde bringt dich näher an dein Ziel.

Da jetzt das Allgemeine geklärt ist, möchte ich diese Plattform nutzen, um mich direkt an die Ersteller zu wenden: *[räuspert sich]* „Wie können Sie es wagen, bei einem Studierfähigkeitstest, der die alleinige Aufgabe innehat, die Studierfähigkeit der Teilnehmer zu prüfen, einen kleinen, aber feinen Prozentsatz Glück oder Pech zuzulassen, der große Auswirkungen auf das Testergebnis haben kann? Sie wollen doch keine Wahrsager prüfen? Eigentlich müsste es doch genau das Gegenteil sein, in einem Fach, in dem nur harte Fakten zählen (sollten). Oder gibt es in der Medizinausbildung Lerneinheiten, in denen das Zaubern gelehrt wird? Mir wäre das neu. Aber gerne können Sie mir eine Mail schreiben an f.fischer@polyidea.de."

Denn bei 5 von 9 Aufgabengruppen werden von den jeweils zu bearbeitenden 24 Aufgaben direkt einfach mal 4 gestrichen, die nicht in die Bewertung mit einfließen. Natürlich weißt du nicht, welche das sind. In der Kategorie Textverständnis wird sogar von insgesamt 4 Texten mit jeweils sechs Fragen ein kompletter Text im Nachhinein gestrichen.

Was lernen wir daraus? Für ein gutes Ergebnis braucht man mit Sicherheit auch eine kleine Portion Glück. Da Glück bisher noch nicht erlernbar ist, konzentrieren wir uns lieber auf die Skills, die du so weit entwickeln kannst, dass du dich nicht mehr auf Glück verlassen musst, da du alle Aufgaben bearbeiten kannst.

Trotzdem muss ich die Ersteller auch loben. Denn den Test kannst du komplett ohne Vorwissen bearbeiten. Alle nötigen Informationen findest du immer direkt in den Aufgaben.

Und unter uns Gebetsschwestern: 5 der 9 Aufgabengruppen kannst du so gut trainieren, dass du die volle Punktzahl bekommst. Was natürlich nicht heißt, dass du die anderen vier nicht trainieren kannst.

An dieser Stelle ein paar motivierende Worte unseres britischen Genies William Shakespeare:

> „Wer ernten will, muß erst den Samen streun."

Also dann. Nimm deine Gießkanne in die Hand, zieh dir Gummistiefel an und ab geht's aufs Feld. Ackern. Ackern. Ackern.

Wie wird der TMS ausgewertet?

Kennzahlen

So, jetzt wird es erstmal trocken. Kennzahlen. Igitt. Naja, muss eben gemacht werden. Du willst ja auch dein hervorragendes Ergebnis als ein hervorragendes erkennen. Sollte dich das überhaupt gar nicht interessieren, kannst du natürlich das Kapitel überspringen oder wieder rauskramen, wenn du die Ergebnisse bekommst. Ich beeil mich auch.

Am Ende des Tages sind 3 Kennzahlen von Bedeutung: der Prozentrang, der Standardwert und das erreichte Notenäquivalent.

Drei Kennzahlen, die eigentlich alle das Gleiche ausdrücken. Jede Universität benutzt aber gefühlt eine andere. Wahrscheinlich rein aus Trotz oder einfach, weil sie es können. Ob sie überhaupt wissen, dass alle drei das gleiche Ergebnis ausdrücken?

Prozentrang (PR): Der PR ist eine Zahl zwischen 0 und 100, wird in Prozent angegeben und beschreibt, wie gut du im Vergleich zu deinen Mitstreitern warst. Je höher der Wert, desto besser.

Um den PR zu berechnen, werden deine absoluten Punkte mit den absoluten Punkten der Anderen durch ein extrem aufwendiges Verfahren verrechnet. Gut, ganz so aufwendig ist das eigentlich gar nicht: Es wird mit den absoluten Punkten eine Rangfolge erstellt, aufsteigend von links nach rechts. In dieser Reihe bist du irgendwo enthalten. Ich wünsche mir, ganz rechts. Dann werden von rechts die Menschen bis zu dir gezählt und die Zahl durch die Gesamtteilnehmerzahl geteilt. Und schwupsdiwups hast du deinen PR.

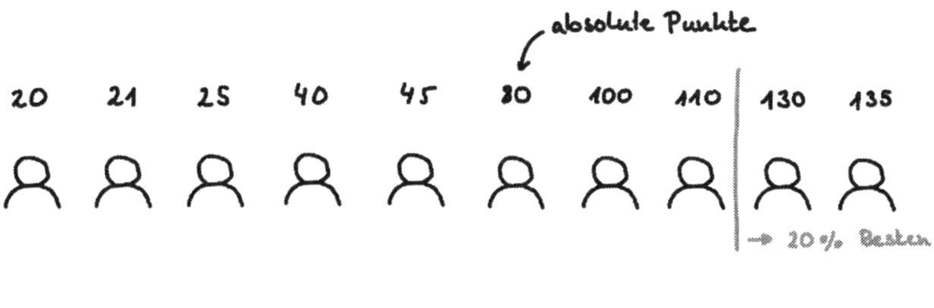

Standardwert (SW): Der Standardwert ist ungefähr das Gleiche wie der Prozentrang, nur in grün. Die Berechnung ist eine andere. Frag mich jetzt aber bitte nicht, wie dieser Wert berechnet wird. Das überlass ich schön den Mathematikern. Den Zauberern. Falls es dich aber interessiert, einfach in Youtube nach 'Standardwert' suchen.

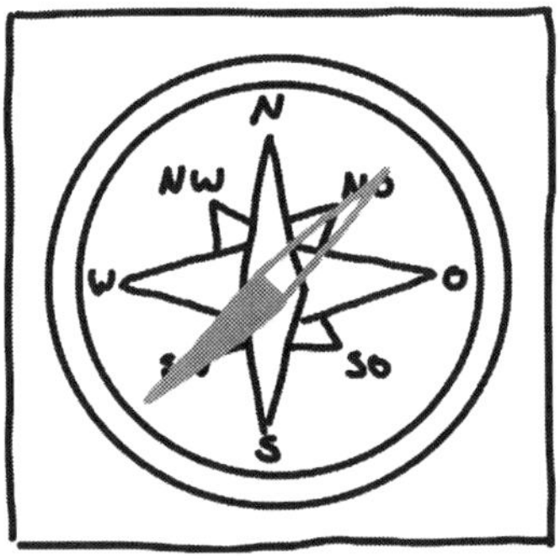

Mit dem Standardwert kannst du die Ergebnisse nicht nur innerhalb eines Jahres, sondern auch mit denen der Vorjahre vergleichen. Sidefact: Ein Standardwert über 100 ist überdurchschnittlich, einer unter 100 unterdurchschnittlich.

Erreichtes Notenäquivalent: Das erreichte Notenäquivalent ist so ähnlich wie eine zweite Abiturnote. Sie liegt auch zwischen 1,0 und 4,0.

Wie viele Punkte führen zu welchem Prozentrang?

Bevor wir uns der Antwort nähern, musst du dich erst fragen, welchen PR du brauchst, um an deiner Traumuni angenommen zu werden. Die Auswahlkriterien der jeweiligen Hochschulen findest du unter *hochschulstart.de* oder auf den eigenen Websites der Universitäten. Wohl oder übel musst du leider mit einer Bewerbungsnote von 1,0 rechnen. Manche Unis geben aber eine schlappe Verbesserung von 0,8. Wenn dazu dann noch eine abgeschlossene Ausbildung kommt, voilà.

Egal, welchen PR du dir überlegt hast, wirf ihn über den Haufen und strebe mindestens einen PR von 90% an. Wie fühlst du dich, wenn du einen PR von 90% in deinen Händen hältst? Tolles Gefühl, oder? Und genau dieses positive Gefühl musst du in die Übungsphase und auch in den Test mitnehmen. Das Gefühl der Unzerstörbarkeit. Vielleicht hilft dir nachfolgendes Zitat. Vielleicht macht es alles auch nur noch schlimmer. Beides recht:

> „Unser Schicksal hängt nicht von den Sternen ab,
> sondern von unserem Handeln."

William Shakespeare. Du merkst schon: Ich habe ein Faible für Shakespeare.

Um an die folgenden Geheiminformationen zu kommen, habe ich für dich keine Kosten und Mühen gescheut.

Hättest du gedacht, dass man nicht mal annähernd volle Punktzahl braucht, um einen PR von 90% zu erreichen? Laut den medgurus benötigst du dafür nur ca. *126* von den insgesamt *178* Punkten. Natürlich sind diese Zahlen mit Vorsicht zu genießen, weil niemand weiß, wie schwer der nächste TMS wird. Sie sollen dir aber eine ungefähre Richtung geben.

Merke: Du brauchst sehr unwahrscheinlich eine volle Punktzahl, um einen PR von 90% zu bekommen.

Kann man das denn auch erreichen?

Falsche Frage. Natürlich kannst du das erreichen!

Die Ersteller haben eine Sache nicht so ganz bedacht. Nämlich, dass du 5 der 9 Aufgabengruppen sehr gut trainieren kannst. Dazu gehören: *Muster zuordnen, Schlauchfiguren, Konzentriertes und sorgfältiges Arbeiten, Figuren und Fakten lernen.* Und mit „sehr gut trainieren" meine ich „die volle Punktzahl abräumen".

Wilde mathematische Summationsformeln spucken uns dann schon mal zusammengerechnet ein Ergebnis von 90 Punkten aus (5 Aufgabengruppen * durchschnittlich 18 Pkt.).

Wir erinnern uns: Du benötigst ca. 126 Punkte, um unter den Besten 10% zu sein. Weil ich meine Spendierhöschen anhabe, aufgerundet 130 Punkte.

Wilde Subtraktionsformeln spucken nun noch fehlende 40 Punkte aus (130 Pkt. - 90 Pkt.).

Gut, dass wir noch die anderen Aufgabengruppen haben. Die kannst du natürlich genauso gut trainieren, braucht aber nur länger. Dazu gehören: *Medizinisch-naturwissenschaftliches Grundverständnis, Quantitative und formale Probleme, Textverständnis sowie Diagramme und Tabellen.*

Hier sind nochmal ganze 78 Punkte drin. Das heißt, du brauchst nur noch bisschen mehr als die Hälfte der Punkte, um ein phänomenales Ergebnis zu erzielen. Wenn das mal keine guten Nachrichten sind.

Sidefact: Vor allem in diesen vier Aufgabengruppen kannst du dich herausheben, da die Meisten sich nur auf die sehr gut trainierbaren Aufgaben stürzen, weil sie schnelle Erfolge haben wollen. Wir aber nicht. Also doch, wir wollen natürlich auch schnelle Erfolge. Genauso gern wie langfristigen Erfolg. Wir haben nämlich das gesamte Ziel im Blick

Wie bewerbe ich mich mit meinem Ergebnis?

Das Bewerbungsverfahren fürs Medizinstudium ist in Deutschland durch hochschulstart.de zentral geregelt. Zentrale Regelung hört sich doch erstmal irgendwie toll an, oder? Ich denke auch sofort an Vergleichbarkeit. Aber nein, jede Uni hat ihr eigenen Auswahlkriterien. Hochschulstart.de ist auch nicht so gütig und sagt dir, wo du dich mit deinem Ergebnis am besten bewirbst, sondern da musst du dich selber informieren.

Bei der Bewerbung kannst du nur maximal 6 Hochschulen angeben. Deshalb musst du dir ganz genau überlegen: Wo bewerben?

Kleiner Tipp: Sollte deine Bewerbungsnote besser als 1,0 sein, wirst du eigentlich an jeder Universität angenommen. Solltest du 1,0 bis 1,3 haben, würde ich an deiner Stelle weniger bekannte Unis wählen, um auf Nummer sicher zu gehen. Und falls es dir an dieser Uni gar nicht gefällt: Nach dem Physikum kannst du ja auch wieder wechseln. Aber Hauptsache du bist erstmal unter Dach und Fach. Außerdem kann ein bisschen Flexibilität auch zu ungeahnten Ergebnissen führen. Viele meiner Kollegen wollen gar nicht mehr aus den Universitäten raus, die eigentlich ihre fünfte oder sechste Wahl waren.

Achtung: Manche Unis, die ganz viel auf sich halten, verlangen, dass du sie beim Bewerbungsprozess als 1. Ortspräferenz, also 1. Wahl angibst. Das können sie sich nur erlauben, weil sich dort enorm viele angehende Medizinstudenten bewerben. Bei diesen Unis also nur mit Topnoten bewerben, da du sonst deine 1. Wahl verschenkst.

Und schon haben wir die trockenen Facts geschafft! Scooby-Dooby-Doo!

Wie lerne ich am Besten auf den TMS?

Unser Ziel von mindestens 90% ist ja schon festgesetzt. Check. Notiere dir nun, wie viele Tage oder Monate du noch bis zum Test hast. Diese Überlegung hat Auswirkungen auf dein Tagespensum und somit auf deinen kompletten Lernplan.

2 Lernpläne habe ich für dich erstellt. Einen *einmonatigen Geparden-Lernplan*. Und für die Langsameren - und nein, das meine ich nicht abwertend, sondern ich freue mich für dich - einen *dreimonatigen Schildkröten-Lernplan*.

Ich komme mir wie eine übermotivierte Grundschullehrerin vor, die gerade ihre Lehrprobe macht. Beim 3-Monate-Lernplan ist der Stoff deutlich entzerrter. Dabei haben beide Lernpläne das gleiche Ziel: Dich maximal gut auf den Test vorzubereiten.

Die Geparden sammeln sich bitte bei Überschrift „Geparden-Lernplan", die Schildis bei „Schildkröten-Lernplan". Aber immer in 2er-Reihen, bitte. Felix, nicht drängeln. Anna, mach das Handy aus. Diejenigen Kids, die sich aus welchen Gründen auch immer nicht zu den Geparden oder den Schildis zuordnen können, bitte bei „Gepa-Kröte-Lernplan" versammeln.

Geparden-Lernplan

Dieser Teil ist nur für Kids gedacht, die wirklich nur noch einen Monat oder weniger zur Verfügung haben. Hier ist der Lernplan natürlich deutlich straffer. Also tue dir selbst den Gefallen, so früh wie möglich anzufangen.

So Gepardis, jetzt da wir unter uns sind. Ich sag, wie es ist: Es wird hart. Aber gemeinsam kriegen wir das hin!

Bevor wir uns reinschmeißen, noch ein Zitat; diesmal nicht von Shakespeare, sondern von der ebenbürtigen Kelly Clarkson:

"What doesn't kill you, makes you stronger."

Wie wär's? Hör dir doch mal zum Anfang das Lied an und kommentiere das Video mit einer Sonne. Dann weiß ich und die

Kelly-Clarkson-Hörer, dass du da warst. Außerdem motiviert dich das Lied wie ein unterbezahlter Kinderanimateur im Sommerurlaub.

Tadaa. Dein möglicher Lernplan für die nächsten vier Wochen:

Gepard	MZ	MNG	SF	Q+FP	K+SA	FLFL	TV	D+T	Minuten	Stunden
Montag	III	I			III	I	I		236	3h 56min
Dienstag			III	I		I	I	I	245	4h 5min
Mittwoch	II	I		I	III			I	254	4h 14min
Donnerstag		I	II	I	III			I	240	4h
Freitag	III			I		I	I		206	3h 34min
Samstag		I	III		III	II	I		235	3h 55min
Sonntag	Frei								0	0
	22 min	60 min	15 min	60 min	10 min	20 min	60 min	60 min		

Dabei habe ich mich an meinem Lernplan orientiert:

Du übst pro Tag ca. vier Stunden mit einem Pausentag in der Woche. Bei mir war es der Sonntag. Kann natürlich auch jeder andere Tag sein.

Ein Strich bedeutet eine Übungseinheit, zwei Striche zwei und drei Striche vier. Spaß, ich wollte nur schauen, ob du noch aufpasst. Alle Aufgabengruppen werden gleichberechtigt geübt.

Schildkröten-Lernplan

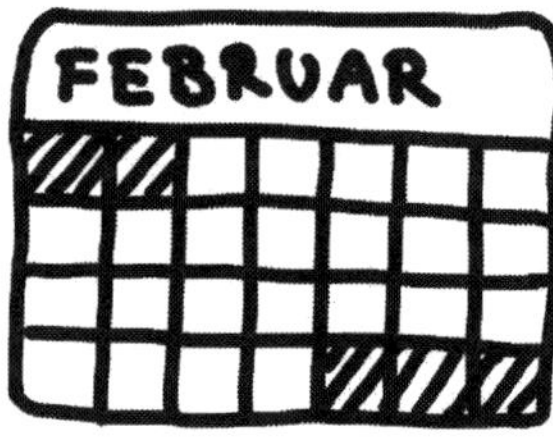

Nochmal: Wenn du eine Schildi bist, dann freue ich mich für dich. Du hast es deutlich entspannter. Trotzdem musst du natürlich auch hart arbeiten und dich nicht auf dem Zeitpolster ausruhen. Wenn du die gesamte Zeit sinnvoll nutzt, hat das einen extrem positiven Einfluss auf dein Ergebnis.

Zuerst natürlich auch wieder ein Zitat:

„Ich schnapp mir, was ich schnappen kann."

Lied-Tipp der Woche: Schnappi, das kleine Krokodil. Kommentiert das Musikvideo doch mit einem Bieber. Darüber freuen sich die Schnappi-Hörer und vor allem ich mich sehr.

So könnte dein Lernplan für die nächsten drei Monate aussehen:

Schildi	MZ	MNG	SF	Q+FP	K+SA	FLFL	TV	D+T	Minuten	Stunden
Montag	II	I			II	I			144	2h 22min
Dienstag			II	I		I	I		170	2h 50min
Mittwoch	I			I	II			I	162	2h 42min
Donnerstag		I	II		I			I	160	2h 40min
Freitag	II					I	I		124	2h 4min
Samstag			II	I	II	I	I		190	3h 10min
Sonntag	Frei								0	0
	22 min	60 min	15 min	60 min	10 min	20 min	60 min	60 min		

Auch hier habe ich mich an meinem bewährten Lernplan orientiert:

Sechs Tage die Woche, im Schnitt zwei bis drei Stunden am Tag.

Sidefact: Ich habe vier Monate lang, sechs Tage die Woche, ungefähr drei bis vier Stunden geübt – habe es aber auch ein bisschen übertrieben. Was ich damit sagen will? Diese Lernpläne sollen dir nur eine Orientierung geben. Passe sie also an deine persönlichen Umstände an.

Gepa-Kröte-Lernplan

Du bist eine Gepa-Kröte? Du kannst dich also für keines der beiden Tiere entscheiden oder hast ganz individuelle Wünsche für deinen Lernplan? Wie auch immer: Hier lernst du, auf was du achten solltest, wenn du dir deinen ganz persönlichen Lernplan erstellst:

Übernimm dich nicht.

Bitte übernimm dich nicht vor allem anfangs mit zu viel Übungen. Das kann schnell auf die Motivation drücken. Apropos drücken: Wie ein Gewichtheber, der zu viele Kilos zu Beginn stemmen will, es nicht schafft und demotiviert das Fitness-Studio verlässt.

Übe erst die richtige Ausführung, dann auf Zeit.

Übe die ersten Tage auch ohne Zeitdruck, sodass du dir die Strategien in Ruhe aneignen kannst. Brücke zum Gewichtheber: zuallererst geht es um die richtige Ausführung. Nimm dann Schritt für Schritt den Faktor Zeit dazu. Wenn du mit Zeitdruck übst, nimm es ernst und höre auch wirklich auf, wenn die Zeit vorbei ist.

Plane Pausen ein.

Pausen sind unglaublich wichtig. Durch Pausen regenerieren wir und tanken unser Energie- und Motivationsvorräte wieder auf. Außerdem gibt es dann etwas, auf das man sich freuen kann. Je nachdem, wie viel Zeit du noch bis zum Test hast, musst du deinen Pausenplan anpassen. Wichtig ist aber in jedem Fall: Gib dir und deinem Körper *mindestens einen Tag*, an dem du dich in keinster Weise mit dem Test beschäftigst. Dieser Tag ist alleine für die Erholung da. Tue deinem Körper etwas Gutes. Mini-Pausen an einem Trainingstag sind ebenso wichtig. Übe *nicht mehr als sechs Stunden pro Tag*, auch wenn du genügend Pausen machst, da es wirklich schwer ist, konsequent durchzuhalten.

Bei allgemein allem gilt, in dem du besser werden willst: *Consistency is key.*

Sportel. Ich will mich jetzt nicht auch noch anhören wie ein Fitnesstrainer, aber körperliche Bewegung hilft tatsächlich. Wenn du nicht eh schon regelmäßig Sport treibst, wäre jetzt ein guter Zeitpunkt, damit anzufangen. (Es muss ja kein Leistungssport sein - und hilft ungemein bei der Konzentration.) Nach einem körperlich anstrengenden Training kann der Körper wieder mentale Energie schöpfen. Power dich aus, um einen klareren Kopf zu bekommen, um wieder Vollgas geben zu können. Alle Ampeln stehen auf grün.

Tipps & Tricks

Visualisiere dein Ziel.

Wenn dir die 90% als Ziel zu wenig sind, gehe ruhig höher. Dein Körper fängt an zu kribbeln, wenn du dein für dich passendes Ziel herausfindest. Diesen PR malst oder druckst du auf ein großes Blatt Papier und hängst es gut sichtbar in deinem Zimmer auf. So wirst du immer daran erinnert, auf welches Ergebnis dein Lernen hinauslaufen wird.

Visualisiere möglichst oft am Tag und vor dem Schlafengehen, was du fühlst, wenn du das Ziel erreichst. Vielleicht gönnst du dir etwas, das du schon immer haben wolltest? Ganz egal. Das klingt irgendwie mega esoterisch, ist es vielleicht auch, aber es hilft. Vor allem, wenn dir mal die nötige Motivation fehlt oder es dir grad nicht so gut geht, gibt es dir wieder Kraft und erinnert dich daran, für wen du es machst. Nämlich für dich, für dich alleine, für niemanden sonst.

Schreibe Zusammenfassungen.

Egal wann, wo oder wie du Nützliches zum Test herausfindest, schreibe es auf. In dein eigens angelegtes Buch, in dein mobiles Endgerät oder hinter die Ohren. Ok, schlechter Tipp, weil dann siehst du es ja nicht mehr.

Damit hast du alle wichtigen Informationen an einem Ort gebündelt. Und komm bitte nicht auf die leichtfertige und naive Idee, alle Informationen in deinem Kopf speichern zu können, ohne sie aufgeschrieben zu haben. Da reicht es schon, wenn du einen einzigen entscheidenden Trick vergisst, den du zu einem besseren Prozentrang gebraucht hättest.

Sind die Zusammenfassungen geordnet und vom Schriftbild ansprechend verfasst, kramst du sie viel lieber noch einmal hervor. Gib dir also Mühe. Nimm es zur Hand, sobald du anfängst zu trainieren und versuche die Tricks peu à peu einzusetzen. Kontrolliere nach einer gewissen Zeit nach, ob du auch alle Tipps anwendest.

Kontrolliere deine Ergebnisse.

„Vertrauen ist gut, aber Kontrolle ist besser." Auch wenn du natürlich mit der Zeit deutlich besser wirst, solltest du das konsequent ermitteln. Das bedeutet nicht nur, alle Übungen zu überprüfen, sondern deine Ergebnisse auch schriftlich festzuhalten. Der gemeine Block kann dafür hinhalten, meine Wahl fiel aber mit der Zeit auf einen digitalen Block: Excel. Einfach Tabelle erstellen, Daten reinballern und schon spuckt dir der Rechner allerhand Nützliches aus. Gut, manchmal kann man sich auch in unnötig detaillierten Datensätzen verlaufen. In den Situationen werde ich dann wieder zur übermotivierten Grundschullehrerin, die die Daten in Kuchen und Kombi-Wasserfall-Diagrammen ausliest.

Bereite deine Übungen nach.

Frech wie ich bin, nehme ich an, dass du bei den Übungen vielleicht auch mal Fehler machst oder einen Teil der Übungen gar nicht in der vorgegeben Zeit bearbeiten konntest. In diesen Fällen ist die Nachbereitung Gold wert. Denn wenn du verstehst, was du falsch gemacht hast, ist es unwahrscheinlich, dass du den Fehler wiederholst. Vorausgesetzt natürlich, du nimmst dir auch wirklich Zeit dafür. Diese Fehlerkorrektur ist besonders am Anfang wichtig. Auch wenn du Aufgaben aufgrund fehlender Zeit nicht bearbeiten konntest, teste, ob du sie hättest lösen können. Natürlich ohne Zeitdruck.

Leistungseinbruch passiert Jedem.

Jetzt kommen wir zu einem etwas undankbaren, aber wichtigen Thema. Nämlich Leistungseinbruch. Bestimmt wirst du mit diesem Thema irgendwann konfrontiert. Gerade, wenn du dir deine Übungsergebnisse notierst, wirst du feststellen, dass du dein Niveau kurzfristig nicht halten konntest. Bitte falle dann nicht in Unmut. Einfach aufstehen, Krone richten und weiter geht's. Fehler können eine überzeugende Motivationsquelle sein.

> „Den Mut haben, Fehler zu machen! Aus den Fehlern lernen wir; wenn wir sitzen bleiben, lernen wir nichts." - Heinrich Johann Wilhelm Bentinck

Übe an einem aufgeräumten, leisen Ort.

Ebenso wie Fehler zuzulassen, ist es auch wichtig, Unordnung zuzula... nein, halt! Andersherum. Mache deine Übungen an einem aufgeräumten, aber vor allem stillen Örtchen, an dem du dich gut konzentrieren kannst. Bitte doch deine dich umgebenden Menschen, für die Übungsphasen möglichst ruhig zu sein. Sollte sich das als schwierig herausstellen, weil du herausfindest, dass deine Nachbarn herausgefunden haben, wohin mit ihrer ganzen sexuellen Energie...
... I feel you.

Um konzentriert in die Übung oder den Test zu starten, kannst du vorher *Konzentrationsübungen* machen. Zähle beispielsweise laut von 20 auf 0 runter. Oder folge 10 Mal mit deinem Blick deiner Fingerspitze, die 50 cm vor deinem Gesicht eine liegende Acht in die Luft zeichnet. Oder vielleicht ist eine 10-minütige Meditation genau das Richtige für dich? Probier dich einfach aus.

Übe in aufrechter Sitzposition, am besten auf einem Stuhl oder im Kopfstand. Aber pass auf, dass du dabei nicht die unbezahlbare Ming-Vase deiner Mutter zerstörst. Gut, dass ich es gesagt habe.

Und Handy aus! Die Übungen sind eine handyfreie Zone. (Oh Gott, ich höre mich an wie meine Mutter...)

Drucke deine Übungen aus.

Mit meinem nächsten Tipp ist Greta wahrscheinlich nicht so einverstanden. Und ich weiß nicht so recht, wie ich es am besten formuliere, damit ich nicht als Umweltzerstörer abgestempelt werde. Drucke deine Übungen aus. So, jetzt ist es raus. Die Übungen im Übungsbuch direkt zu machen hat zwei entscheidende Nachteile. Denn du wirst sie mit Bleistift bearbeiten, falls du die Übungen nochmal bearbeiten willst. Daraus ergeben sich nochmal zwei Probleme. Problem-Inception. Einerseits musst du die Bleistiftstriche alle mühsam wieder wegradieren. Ich kann davon ein Lied singen, und zwar ein sehr trauriges und anstrengendes. Andererseits bleiben Druckstellen über, die dir dein letztes Ergebnis anzeigen und dich in deiner Entscheidung beeinflussen. Der zweite entscheidende Nachteil ist: Du darfst im Test keinen Bleistift benutzen. Warum solltest du es dann in den Übungen? Und glaube mir oder nicht: Es macht einen Unterschied, mit welchem Stift du die Aufgaben bearbeitest.

Merke: Drucke dir die Übungen vor Bearbeitung aus, damit du sie ohne Probleme ein weiteres Mal mit deinem Genie verwüsten kannst. Hefte sie geordnet in einen eigens angelegten Ordner ab. Und unter unter uns Pfennigfuchsern: Die Übungsbücher kannst du dann wieder problemlos verkaufen.

Aufgaben

Muster zuordnen

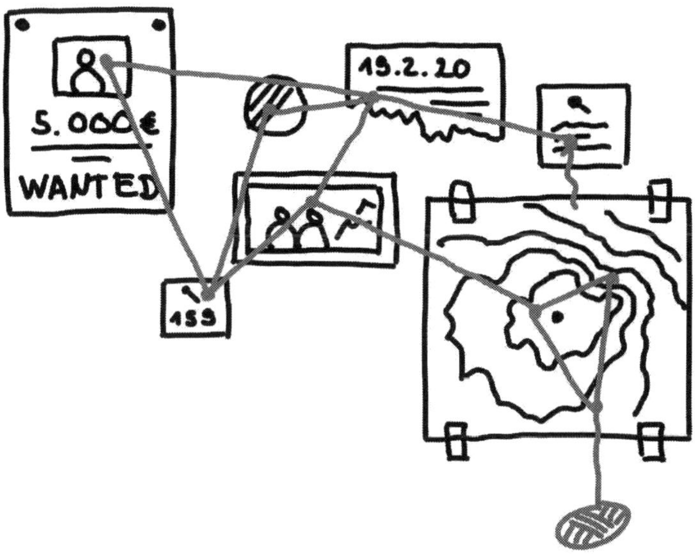

Aufbau

Beispielaufgabe

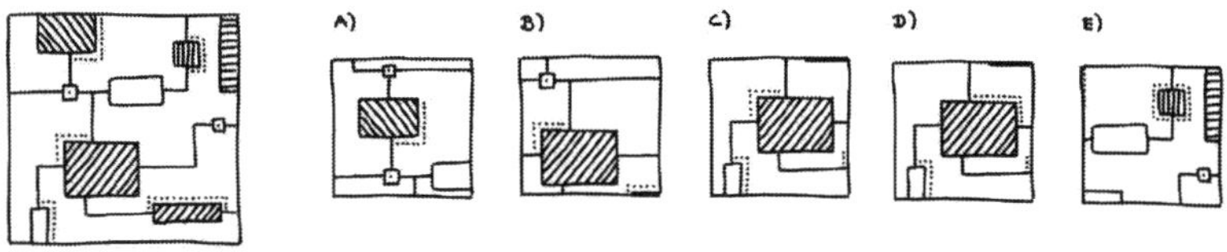

Starten wir doch direkt mit einer der Aufgaben, bei der du abräumen kannst. Das Beste: Du kennst die Aufgabe wahrscheinlich bereits aus der Malstunde im Kindergarten oder aus der Apothekenumschau: Finde die Fehler. Nur dass die Motive nicht mehr den Reiterhof von Fiffi Trixibell darstellen, sondern irgendwelche Geschwüre. Willkommen in der Realität.

Du hast auch nicht mehr nur ein Ausgangsbild und ein Suchbild, sondern gleich fünf. Vier von diesen fünf Suchbildern haben einen Fehler im Vergleich zum Ausgangsbild. Einer ist der richtige Ausschnitt, der zu 100% deckungsgleich mit dem Ausgangsbild ist.

Wir zäumen das Pferd von hinten auf und suchen nach dem richtigen Bild, indem wir die anderen vier anhand der Fehler ausschließen können.

Jedem der 5 Suchbilder wird ein Buchstaben zugeteilt. Der richtige Buchstabe möchte von dir in deinem dir gesondert ausgeteilten Antwortbogen angekreuzt werden.

Merke: Jede Aufgabe hat immer fünf Antwortmöglichkeiten, von denen immer nur <u>eine</u> richtig ist.

Für die 24 Aufgaben darfst du maximal 22 Minuten benötigen. Also hast du im Durchschnitt *55 Sekunden pro Aufgabe.*

Strategie knackig

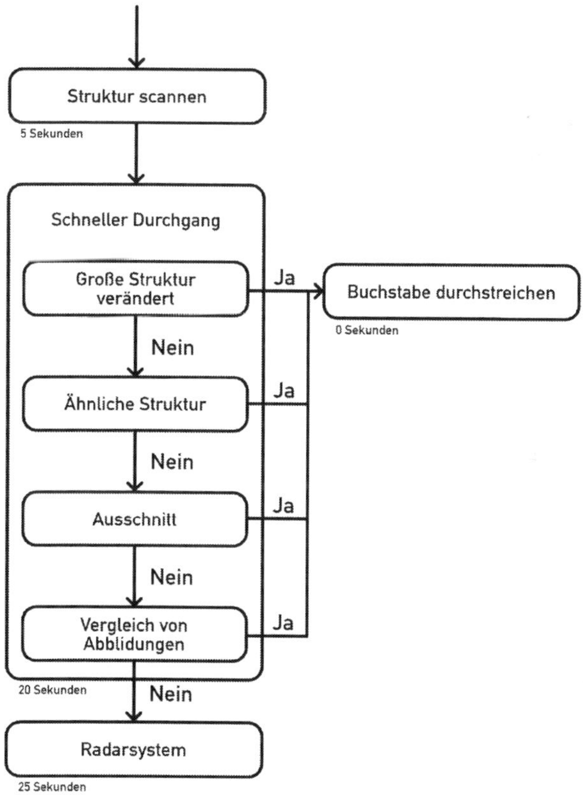

Strategie auseinandergenommen

Die nachfolgende 3-Schritte-Strategie bezieht sich auf jeweils ein Ausgangsbild. Hast du die eine Aufgabe bearbeitet, beginne wieder von vorne mit der nächsten Aufgabe.

1. Schritt (kurzer Überblick): Verschaffe dir zunächst einen etwa einsekündigen kurzen Überblick über die Aufgabe: Welche Struktur ist dargestellt? Sind eher komplexere oder einfachere Strukturen abgebildet?

2. Schritt (schneller Durchgang): Beginne die Aufgabe im Schnelldurchlauf zu bearbeiten. Dafür hast du die Hälfte der Zeit, nämlich 20 bis 25 Sekunden. Hier geht es darum, die einfach erkennbaren Fehler auszumachen. Das macht schon mal einen Großteil der Ausschnitte aus.

Beginne die Bearbeitung von links nach rechts.

Exkurs (Vorgehensweise): Grundsätzlich kommen zwei Vorgehensweisen in Frage:

Vorgehensweise I: Entweder du verharrst längere Zeit auf dem Ausgangsbild und versuchst dabei, dir das Bild in seiner Gänze mit all seinen Strukturen und Formen einzuprägen. Daraufhin bearbeitest du die Suchbilder von links nach rechts, ohne allzu oft auf das Ausgangsbild zurückspringen zu müssen.

Das spart Zeit, fordert aber eine ausgesprochene Merkfähigkeit.

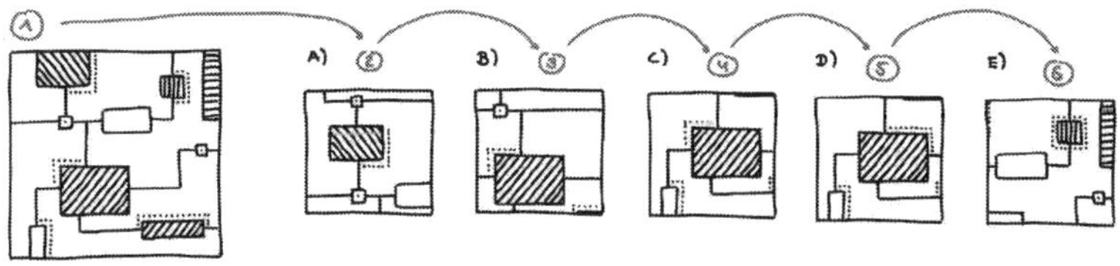

Vorgehensweise II: Oder du machst es so wie ich und springst in kurzen Zeitabständen geschickt zwischen Ausgangsbild und Suchbild, sodass du dir die Strukturen nur für einen Bruchteil einer Sekunde merken musst.

Der große Vorteil hierbei ist, dass du die häufig nur kleinen Änderungen der Strukturen schneller und besser identifizieren kannst. Mit ein bisschen Übung wird das Auge flink im hin und her flitzen und du wirst schon bald immense Fortschritte machen.

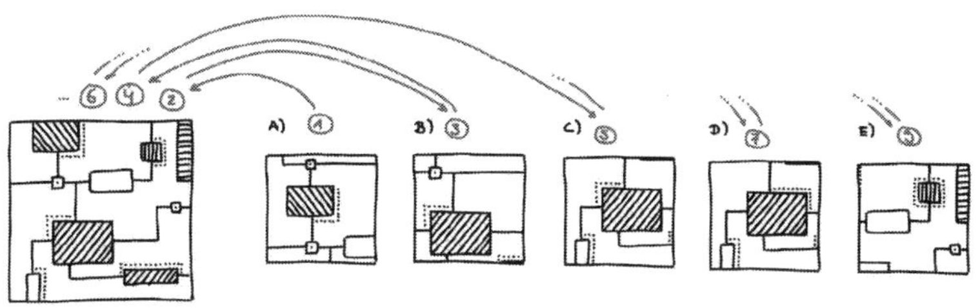

Darauf erstmal einen Drink.

Achte im schnellen Durchgang vor allem auf folgende Eigenschaften, die leicht als Fehler auszumachen sind:

Große Strukturen werden weggelassen oder hinzugefügt.

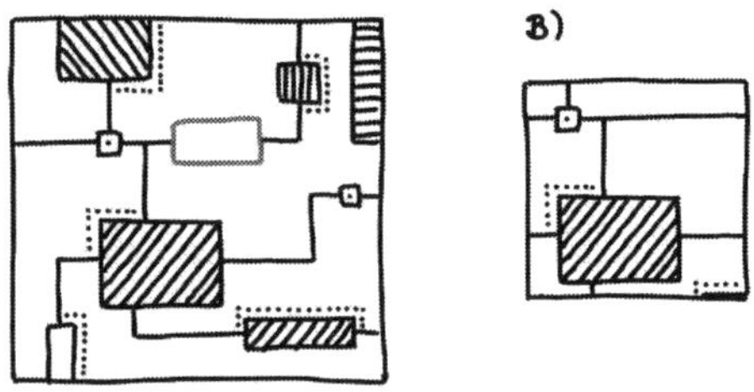

Struktur wird durch ähnliche Struktur ersetzt.

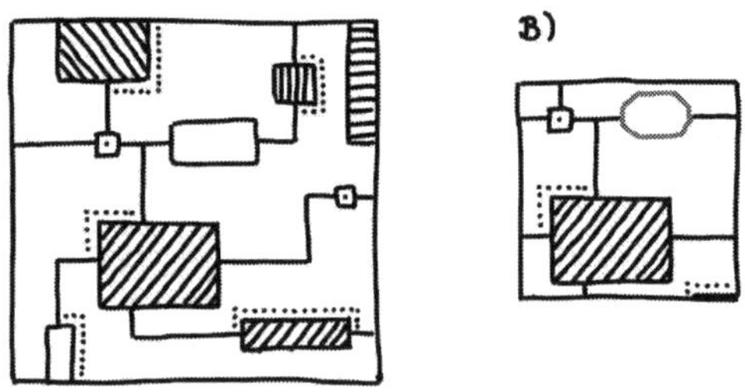

Suchbild zeigt Ausschnitt, der weiter geht als im Ausgangsbild. Behalte also zusätzlich auch immer den Randbereich im Blick.

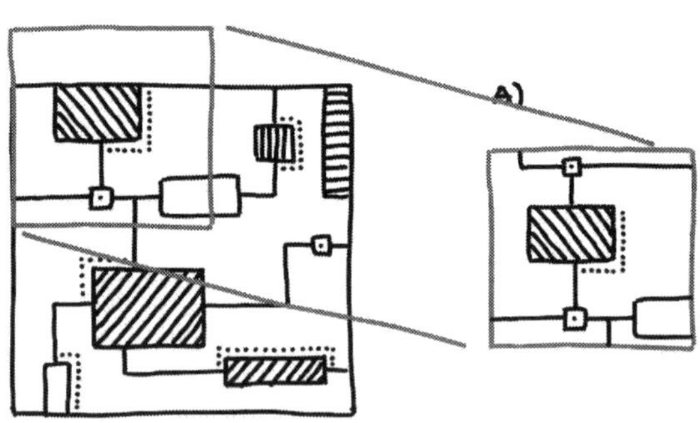

Vergleiche zwei identische Suchbilder.

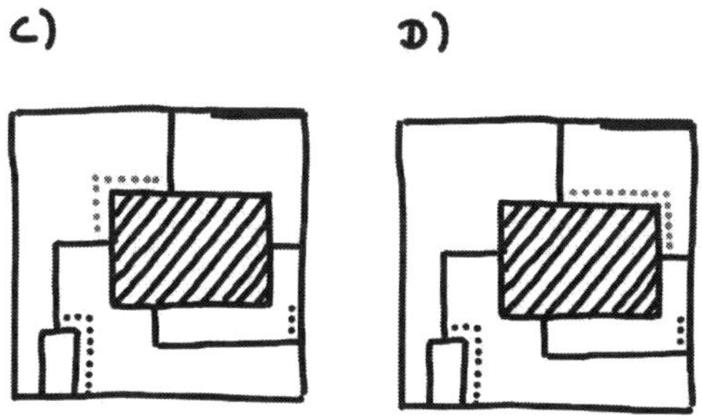

Häufig werden dir zwei gleiche Suchbilder vorgesetzt, von denen notwendigerweise mindestens eines falsch sein muss. Vergleiche beide Ausschnitte untereinander, da dir so schneller ein Unterschied auffällt. Vergleiche diesen Unterschied mit dem Ausgangsbild und du weißt, welches Teilbild falsch ist.

Umkreise den Fehler im Suchbild. Streiche dabei den Buchstaben weg.

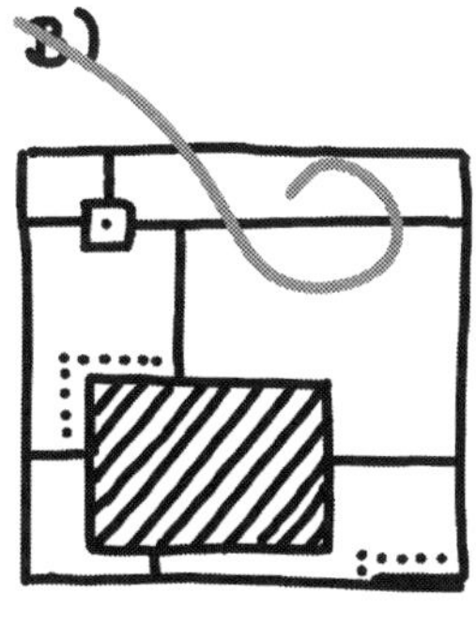

Das macht deutlich, dass der Ausschnitt falsch ist.

Wende im schnellen Durchgang pro Suchbild niemals mehr als 5 Sekunden auf. Hast du den Fehler innerhalb der 5 Sekunden nicht, ist es relativ unwahrscheinlich, dass du ihn innerhalb von 10 Sekunden erkennen wirst. Ich meine, du willst doch auch noch im langen Durchlauf Zeit haben, um den Geheimtipp „Radarsystem" anwenden zu können.

Bei dieser Aufgabengruppe suchst du in jeder Aufgabe <u>*einen*</u> von fünf Fehlern, den es gar nicht gibt, da ein Suchbild komplett deckungsgleich ist. Dabei kannst du super viel Zeit verlieren. Beim schnellen Durchgang geht es auch primär darum, möglichst viele Ausschnitte auszuschließen, ohne dabei viel Zeit zu vergeuden.

Und keine Sorge: Um die harten Brocken kümmern wir uns noch im langen Durchgang. Da kommt uns keiner von euch aus. Tut mir leid, Fehlerlein.

3. Schritt (langer Durchgang): Das Adjektiv lang ist irgendwie nicht ganz so glücklich gewählt. Dieser Durchgang dauert ebenso 20 bis 25 Sekunden. Aber je mehr Ausschnitte du im schnellen Durchgang gestrichen hast, desto mehr Zeit hast du für die Übrigen. In der Regel sind noch 2 bis 3 übrig, von denen eines korrekt ist. Im Durchschnitt also unglaubliche 10 Sekunden pro Ausschnitt. Wahnsinn. Die Technik von heute.

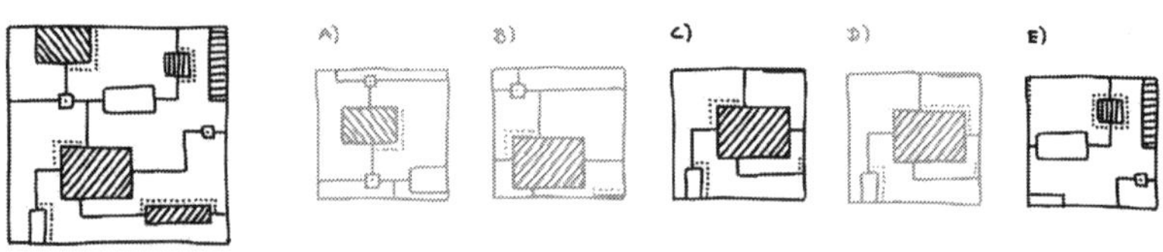

Im langen Durchgang müssen wir also härtere Geschütze auffahren. Trommelwirbel bitte: Das *„Radarsystem"*.

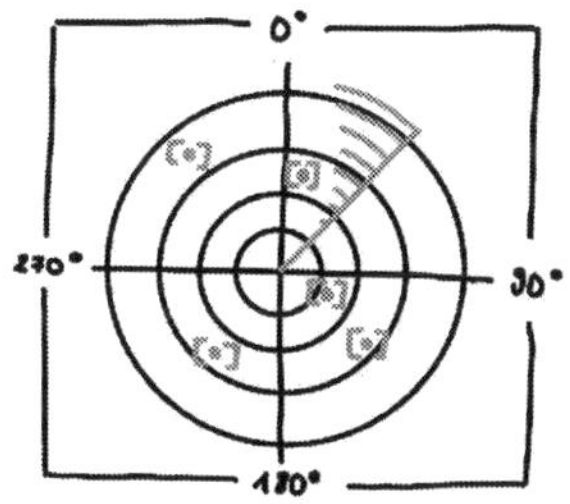

Durch das „Radarsystem" kannst du jeden Fehler ausmachen, mag er noch so klein sein. Wie in der Realität. Versteckte Objekte aufspüren. Irgendwie gruselig, oder?

Es geht darum, jedes Suchbild Schritt für Schritt abzutasten:

Nimm wie beim Radar den Mittelpunkt als Ausgangspunkt.

Das Radar startet oben bei 0 Grad.

Vergleiche im Uhrzeigersinn die Strukturen, die unmittelbar vor dem Radarstrich liegen mit dem Ausgangsbild. So lange, bis du einen Fehler entdeckst.

Achte vor allem auf:

Kleinere Strukturen wie Punkte, Formen o.Ä., Schattierungen und die richtigen Größenverhältnisse.

Tippsi & Tricksi

Druckfehler kommen vor. Keine Frage. Trotzdem ist das im TMS sehr unwahrscheinlich. Ich möchte dich eher vor den Übungsbüchern warnen. Dort wird oft eine Qualität an den Tag gelegt, dass es nur so scheppert. Und zwar wie die unbezahlbare Ming-Vase deiner Mutter. Deswegen musst du lernen, zwischen echtem Fehler und Druckfehler zu unterscheiden.

Sollte entgegen aller Wahrscheinlichkeit ein Druckfehler oder eine sonstige Beschädigung an deinem Testbogen auftreten, teile dies deinem Testleiter mit. Du bekommst umgehend Ersatz.

Let's go!

Medizinisch-naturwissenschaftliches Grundverständnis

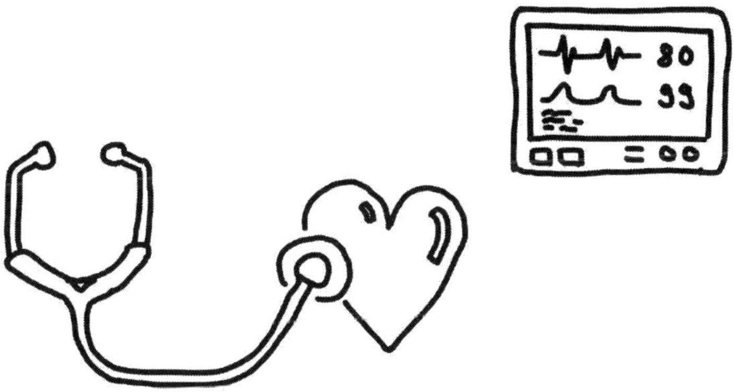

Aufbau

Beispielaufgabe:

"Das weiche, druckempfindliche Gehirn - umgeben von Hirnhäuten - liegt geschützt in der Schädelkapsel. Es besteht aus den Abschnitten Nachhirn, Kleinhirn, Mittelhirn, Zwischenhirn und Großhirn. [...] Etwa 80% des gesamten Hirnvolumens nimmt das Großhirn ein. Das Kleinhirn und das Großhirn bestehen aus Hirnrinde (graue Substanz, bestehend aus Nervenzellkörpern) und Hirnmark (weiße Substanz, bestehend aus Nervenfasern). Die Oberfläche des Großhirns sowie des Kleinhirns ist durch Furchen und Windungen stark vergrößert. Damit steigt die Leistungsfähigkeit dieser Gehirnabschnitte. Der Hirnstamm wird gebildet aus Zwischenhirn, Mittelhirn und Nachhirn." (Biologie Basiswissen Schule, S. 164)

Medizinisch-naturwissenschaftliches Grundverständnis hört sich irgendwie kompliziert an. Aber zu dieser Aufgabe sag' ich immer: Komplizierte Schale, simpler Kern. Wenn du die richtige Vorgehensweise beherrscht, macht dir kein Text mehr Probleme.

Die Testersteller sind anscheinend richtig vernarrt in Textarbeit. Denn am Nachmittag kommt nochmal Textverständnis. Eine Aufgabengruppe, in der dir pro Aufgabe ebenfalls ein biologischer Text vorgelegt wird. Auf die Länge kommt es nicht an? Pah. Bei den beiden Aufgabengruppen jedenfalls schon. Denn die Texte in Textverständnis sind nicht wie diese Texte 10-15 Zeilen lang, sondern eine ganze Seite. Dafür musst du aber auch nur 4 von diesen langen Texten bearbeiten, von denen 1 gestrichen wird. Bei MedNat hingegen sind es 24 kurze Texte, von denen 4 gestrichen werden.

Pro Text werden dir 1 Frage und 5 Antwortsätze gezeigt, von denen du den Richtigen in deinen Antwortbogen ankreuzen sollst.

Für die 24 Aufgaben hast du 60 Minuten zur freien Verfügung, sprich *2 Minuten und 30 Sekunden pro Aufgabe.*

Strategie knackig

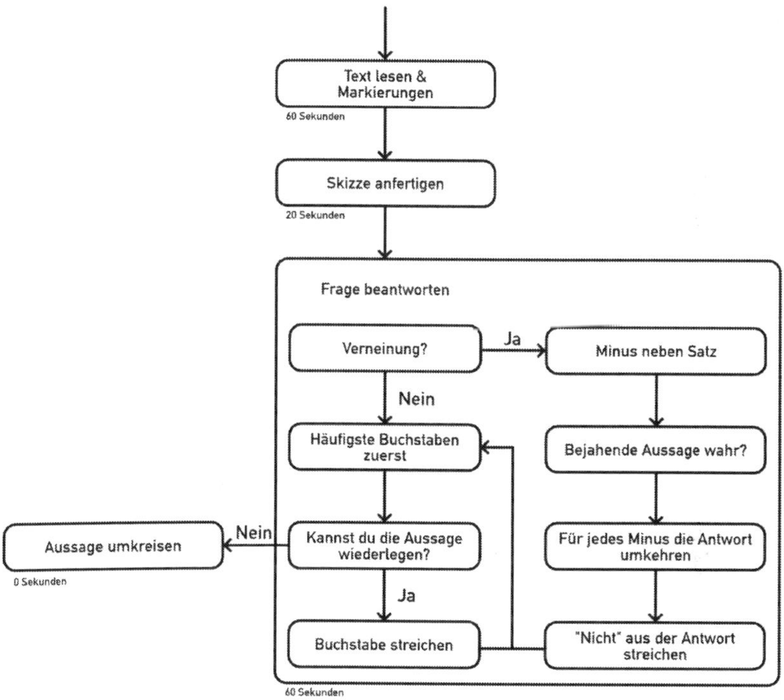

Strategie auseinandergenommen

1. Schritt (aufmerksames Lesen): Jetzt heißt es wieder Zeit einteilen. Lies zunächst den Sachverhalt aufmerksam.

Du willst bestimmt Zeit und Nerven sparen, oder? Sag Ja, sonst geht es nicht auf. Schön, das kommt mir gelegen; dann nimm den Text direkt beim ersten Lesen nach folgenden Markierungsregeln innerhalb maximal *einer Minute* auseinander:

Unterstreiche wichtige Fremdworte, Substantive oder Zahlen.

Umkreise Verben, die Wirkung beschreiben.

Schreibe dir Randnotizen.

Exkurs (Randnotizen): Randnotizen strukturieren deinen Text enorm. So weisen dir Schlüsselworte am Rand direkt den Weg zur richtigen Stelle im Text. Und das spart wiederum Zeit. How to:

Schreibe Oberbegriff oder Schlüsselwort an Rand.

Skizziere Bilder an den Rand.

Benutze Abkürzungen.

So könnte der Text danach aussehen. Dadurch bekommst du einen schönen Überblick über den Text und findest genau die Schlüsselworte, nach denen die Antwortsätze dich suchen lassen.

Beispielaufgabe:

"Das weiche, druckempfindliche Gehirn - umgeben von Hirnhäuten - liegt geschützt in der Schädelkapsel. Es besteht aus den Abschnitten Nachhirn, Kleinhirn, Mittelhirn, Zwischenhirn und Großhirn. [...] Etwa 80% des gesamten Hirnvolumens nimmt das Großhirn ein. Das Kleinhirn und das Großhirn bestehen aus Hirnrinde (graue Substanz, bestehend aus Nervenzellkörpern) und Hirnmark (weiße Substanz, bestehend aus Nervenfasern). Die Oberfläche des Großhirns sowie des Kleinhirns ist durch Furchen und Windungen stark vergrößert. Damit steigt die Leistungsfähigkeit dieser Gehirnabschnitte. Der Hirnstamm wird gebildet aus Zwischenhirn, Mittelhirn und Nachhirn." (Biologie Basiswissen Schule, S. 164)

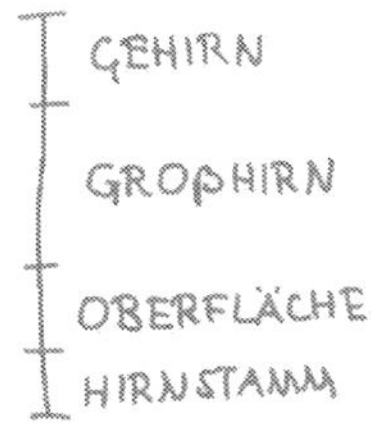

Beispielaufgabe:

"Das weiche, druckempfindliche Gehirn - umgeben von Hirnhäuten - liegt geschützt in der Schädelkapsel. Es besteht aus den Abschnitten Nachhirn, Kleinhirn, Mittelhirn, Zwischenhirn und Großhirn. [...] Etwa 80% des gesamten Hirnvolumens nimmt das Großhirn ein. Das Kleinhirn und das Großhirn bestehen aus Hirnrinde (graue Substanz, bestehend aus Nervenzellkörpern) und Hirnmark (weiße Substanz, bestehend aus Nervenfasern). Die Oberfläche des Großhirns sowie des Kleinhirns ist durch Furchen und Windungen stark vergrößert. Damit steigt die Leistungsfähigkeit dieser Gehirnabschnitte. Der Hirnstamm wird gebildet aus Zwischenhirn, Mittelhirn und Nachhirn." (Biologie Basiswissen Schule, S. 164)

Exkurs (Buntstifte): Jetzt packen andere übermotivierte Grundschullehrer*innen vielleicht ihr Mäppchen mit 300 verschiedenen Buntstiften aus und sind bereit, alles zu geben. Bevor die ersten Kunstwerke auf das Aufgabenblatt gemalt werden, noch ein kleiner Kommentar an deinen inneren Picasso: Grundsätzlich sind Buntstifte im Test erlaubt. Während sie für die einen Licht ins Dunkeln bringen, bringen sie mir eigentlich nur eines: Nämlich nichts.

Zwei große Probleme ergeben sich für mich:

Punkt 1: Den Text markiere ich quietschfidel mit meinen Buntis. Komme gut voran. Dann lese ich die Frage, springe zum Text zurück und zack. In meinem Gehirn spielt sich eine Reizüberflutung sondergleichen ab. Ich weiß gar nicht wie mir geschieht. Ich gleite in einen trance-ähnlichen Zustand über, der mich bewegungsunfähig und leer zurück lässt.

Punkt 2: Ich habe mir ein super schlaues Farbkonzept überlegt. Gelb für italienische Fremdworte, grün für mehr-als-viersilbige Substantive, lilablassblau für negative Zahlen, usw. Ich habe ganz lange dafür geübt, sofort die richtige Farbe zu kennen, sobald ein Signalwort auf mich zukommt. Jetzt markiere ich also und merke auf einmal wie unglaublich lange es dauert, den Stift zu suchen, aufzunehmen, wieder fallen zu lassen, aber denke mir erstmal nichts dabei. Immerhin habe ich die ganzen Farben auswendig gelernt. Super, nächstes Fremdwort. Mhmm, grün. Ich suche wieder die Farbe, nehme sie. Mist, jetzt bin ich in der Zeile verrutscht.

In einem Test, der dafür konzipiert ist, Zeitdruck aufzubauen, ist es doch etwas fehl am Platz, dir ein mehrseitiges Farbkonzept zu überlegen, das dich eigentlich nur aufhält. *Funktionalität schlägt Schönheit.*

Aber probiere am besten beides für dich aus und entscheide dich. Ich versuche objektiv in diesem Belang zu sein, aber wenn du dich für die Buntstifte entscheidest, miss einfach mal die Zeit, die nur dafür drauf geht, den richtigen Stift zu suchen.

2. Schritt (Skizze anfertigen): Wenn du den Text wirklich verstanden hast, kannst du den folgenden Schritt größtenteils überspringen. Trotzdem mache dir in jedem Fall eine klitzekleine Skizze, denn sobald du den Sachverhalt bildlich darstellst, dankt es dir dein Gehirn mit einem besseren Verständnis.

Dabei folgt die Erstellung einer Skizze immer dem gleichen Schema F:

Vereinfache.
(anatomisches Herz wird zu Lebkuchenherz.)

Arbeite mit Wirkungspfeilen.
(Prozesse durch Pfeile darstellen.)

Skizze muss nicht realitätsgetreu sein. Du musst sie nur verstehen.

Kürze ab.

Übersetze Worte in Zeichen.
("steigt an" wird zu +.)

Sei flink. Bist du aber sowieso.

3. Schritt (Frage beantworten): Jetzt geht es ans Verwandeln. Vom Anstoß (Text lesen), über die Mittelfeldlinie (Notizen), Pass (Skizze) und Schuss (Frage beantworten). TOOOR! Das Publikum jubelt zwar nicht, weil du umgeben bist von konzentrierten Mitstreitern, aber man kann es sich ja vorstellen.

Weiter: Für die Frage und Antwortsätze hast du je nachdem *eine halbe bis eine Minute* über. Lies die Frage und überprüfe die Antwortsätze:

Nach was ist explizit gefragt?

Unterstreiche Fremd- und Signalworte.

Umkreise verneinende Worte sowohl in Frage- als auch in Antwortsätzen.

Unterstreiche extreme Adjektive wie "immer, nie, ...".

Prüfe bei Kombinationsantworten zuerst denjenigen Antwortsatz, der am öftesten vorkommt.

Zu „*Umkreise verneinende Worte sowohl in Frage, als auch in Antwortsätzen*":

Litotes? Sagt dir das noch was? War das nicht Blubberwasser? Wäre schön. „Litotes" ist ein stilistisches Mittel. Seneca und Co. benutzten dieses Stilmittel, um Aussagen zu verstärken. Anders die Testersteller: Sie wollen dich, so gut es geht, verwirren.

Entwirre einfach das Wirrwarr der irren Verneinungen für weniger Verwirrung.

Umkreise alle *verneinenden Worte*, die dir so über den Weg laufen. Schreibe dann zusätzlich ein *fettes Minus* neben die Frage. Sollten sowohl Frage- als auch Antwortsatz verneinend sein, haben wir unsere doppelte Verneinung.

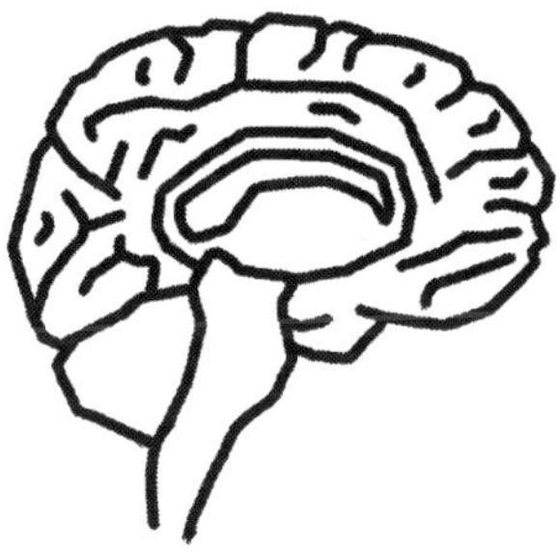

Exkurs (Gehirn): Das menschliche Gehirn ist viel besser dazu in der Lage, sich Dinge vorzustellen, die positiv formuliert sind. Probiere das doch direkt mal aus: „reich" und „nicht reich". „Reich" kannst es dir leichter vorstellen, oder?

Lasse deshalb bei der Beantwortung zuerst die verneinenden Worte weg. Und wandle dann erst deine Antwort ins Gegenteil um. Mache das solange, bis alle „nicht" aus dem Weg geräumt sind.

Zu „*Unterstreiche extreme Adjektive wie "immer, nie, ..."*": Die Ersteller sind wirklich gut darin, dich auf eine andere Fährte zu locken. Zumindest glauben sie das. Signalworte wie *"immer, nie, ..."* sind da ein solches Lockmittel.

In der Medizin gibt es wenige Sachverhalte, die entweder "immer" oder "nie" auftreten. Es gibt eigentlich immer Ausnahmen. Meine Englischlehrerin pflegte zu sagen: Kids, es gibt nicht nur „weiß" und „schwarz". Dazwischen gibt es 365 verschiedene Graustufen, nämlich die Ausnahmen. Das trifft es eigentlich gut. War der Englischunterricht doch zu etwas gut?

Antwortsätze, die diese Signalworte enthalten, sind also in aller Regel inkorrekt.

Zu *„Prüfe bei Kombinationsantworten zuerst denjenigen Antwortsatz, der in am öftestens vorkommt":*

Einfache Antwortmöglichkeiten sind nicht genug. Klar, dass noch Kombinationsantworten dazu kommen müssen. Dann bekommst du im Schnitt drei Antwortsätze, die du alle auf ihre Richtigkeit prüfen musst. Die fünf Lösungsbuchstaben schließen diese Antwortsätze jeweils ein oder aus. Kreuze dann im Antwortbogen den richtigen Buchstaben an, der die richtigen ein- und ausschließt.

Suche denjenigen Antwortsatz heraus, der in den Buchstaben am meisten vorkommt. Prüfe diesen zuerst. Sollte er falsch sein, kannst du schon viele Buchstaben ausschließen.

Beispiel (Frage beantworten):

Welche der folgenden Aussagen lassen sich nicht ableiten?

I. Der Hirnstamm wird nicht aus Teilen des Gehirns gebildet.

II. Nur die Oberfläche des Großhirns wird durch Windungen und Furchen vergrößert.

III. 80% des Hirnvolumens besteht aus Nervenzellkörpern.

(A) Nur Aussage 1 lässt sich ~~nicht~~ ableiten

~~(B)~~ Nur Aussage 2 lässt sich ~~nicht~~ ableiten

(C) Nur Aussage 1 und 2 lassen sich ~~nicht~~ ableiten

(D) Nur Aussage 1 und 3 lassen sich ~~nicht~~ ableiten

~~(E)~~ Nur Aussage 2 und 3 lassen sich ~~nicht~~ ableiten

Kreise alle verneinende Worte in der Fragestellung und den Antwortsätzen ein. Wenn die Frage negativ formuliert ist, streiche sofort die 5 „nicht" aus allen Lösungsbuchstaben. Die verwirren sonst nur.

Nun suchst du in den Lösungsbuchstaben nach demjenigen Antwortsatz, der am häufigsten vertreten ist. Prüfe ihn. Aussage I beispielsweise.

Aussage I enthält wieder ein „nicht". Prüfe die Aussage zuerst ohne das „nicht". Ohne das „nicht" wäre die Aussage korrekt, aber durch das „nicht" ist sie falsch.

Wir erinnern uns: Die Frage ist negativ formuliert. Aussage I ist falsch, aber durch das „nicht" in der Fragestellung wird Aussage I richtig.

Dadurch kannst du Antwortmöglichkeiten (B) und (E) ausschließen.

Jetzt geht es an Aussage II. Umkreise das Signalwort „nur". Unwahrscheinlich, dass Aussage II korrekt ist. Kurze Überprüfung bestätigt den Verdacht: Aussage II ist falsch. Durch das „nicht" in der Fragestellung aber wieder richtig.

Damit weißt du, dass Antwortmöglichkeit (C) die richtige ist, da kein anderer Buchstabe Aussage I und II einschließt. Wahnsinn, oder?

Tippsi & Tricksi

Du bist zeitmäßig hinten dran? Lasse *längere* oder *kompliziert aussehende* Texte aus und bearbeite erst einmal die kürzeren Texte, da viel Zeit beim Lesen verloren geht. Wenn du motiviert bist, lerne *Speedreading*. Zu diesem Thema gibt es viel gute Literatur. Und das Beste: Es ist nicht nur verdammt cool, sondern spart enorm Zeit.

Du brauchst auch hier wie für alle Aufgaben kein Vorwissen. Da die Themen und die korrekten Antworten aber der Realität entsprechen, *hilft Vorwissen* ungemein.

In den Texten wirst du generell oft über medizinische Themen informiert. Dabei geht es im Allgemeinen um Organe (oft um das Auge) oder um Kreisläufe (oft um den Hormonhaushalt) im Körper. Mein Tipp an dich: Falls du Zeit und Lust hast, *informiere* dich über die *wichtigsten Organe und Kreisläufe*. Du wirst dir das selber im Test danken, selbst wenn du nur rudimentäres Grundwissen dazu aufweisen kannst. Diese Zusatzaufgabe aber nur außerhalb der Trainingszeiten.

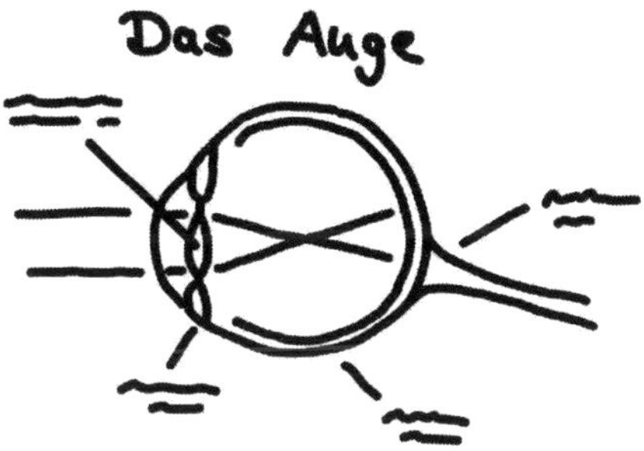

Du bist wie ein Felsen in der Brandung felsenfest davon überzeugt, dass der erste bearbeitete Antwortsatz korrekt ist. *Prüfe* noch *mindestens einen weiteren*. So kannst du weitestgehend ausschließen, dass du die Frage falsch verstanden oder die Verneinung überlesen hast. Vielleicht verwandelt sich der Felsen in der Brandung doch eher zu einem kleinen Kieselsteinchen.

Bist du ein davor-noch-ganz-kurz-die-Frage-und-dann-am-besten-noch-alle-Antwortsätze-durchlesen-Mensch? Ich persönlich habe bis jetzt noch nicht herausgefunden, welchen Vorteil ich davon habe. Ich kann kein photographisches Gedächtnis aufweisen und vergesse die Fragen unter Druck sowieso. Und das braucht ja auch Zeit, davor nochmal alles durchzulesen, oder?

Schlauchfiguren

Aufbau

Beispielaufgabe

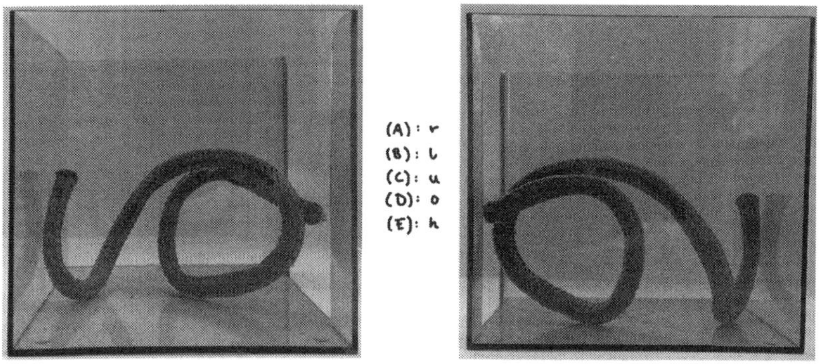

„Ich zoom mich nicht rein, ich zoom mich auch nicht raus, sondern drum herum. Widibum." So oder so ähnlich lautet das Motto der nächsten Aufgabengruppe, die du ganz nebenbei wieder wunderbar üben kannst.

Im Grunde ist der Aufbau leicht erklärt. Der Ersteller nimmt ein Glaskasten, stopft allerlei Schlauchartiges hinein und fotografiert den Kasten von zwei unterschiedlichen Seiten. Dabei ist die linke Seite das Ausgangsbild und die rechte Seite zeigt den Ausgangswürfel aus einer der fünf Perspektiven (rechts, links, unten, oben oder hinten).

Halt. Es gibt nur fünf Perspektiven, obwohl der Würfel sechs Seiten hat? Ja: Die Perspektive von vorne wäre die sechste im Bunde, aber die würde man ja schnell erkennen. #MasterOfIntellenz

Die Bilder sind immer in Graustufen fotografiert und man merkt schnell, dass die Fotos von keinem Mediendesigner geschossen wurden. Das kann aber ein entscheidender Vorteil sein, da du anhand der Schatten und des Lichteinfalls oft die Perspektive bestimmen kannst. Nur nichts überstürzen. Step by Step.

Für diesen Spaß hast du für 24 Aufgaben geschlagene 15 Minuten Zeit. Sprich: *37 Sekunden* und 500 Millisekunden *pro Aufgabe* für die Zahlen-Fetischisten unter euch.

Strategie knackig

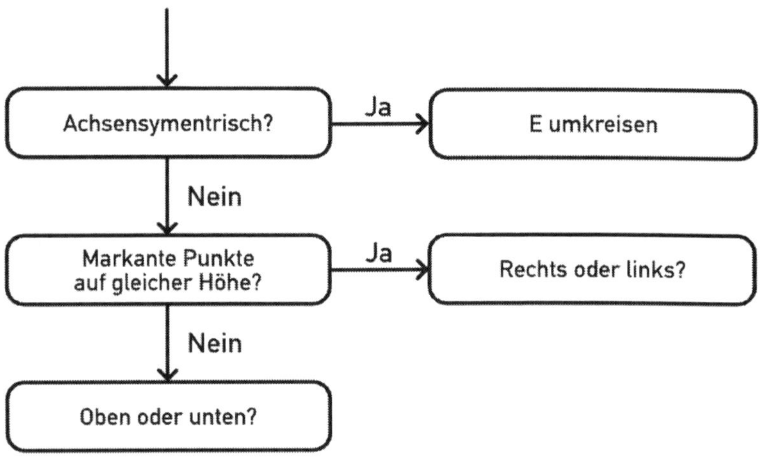

Insgesamt: 37 Sekunden

Strategie auseinandergenommen

Ich präsentiere die Drei-Schritt-Methodik-Strategie, kurz 3 SMS. Natürlich geht es dabei nicht darum, während der Prüfung auf deinem Smartphone 3 SMS zu tippen. („Ach nee, Flori." – „Sorry.") Sondern darum, die Perspektiven abzuchecken.

Let's do it!

1. Schritt: Zunächst zäumen wir das Pferd von hinten auf. Nimm das wortwörtlich. Denn wir betrachten zuallererst die Perspektive von hinten, also Buchstabe E.

Sidefact: Jede Perspektive hat immer ihren gleichen Buchstaben.
A = rechts, B = links, C = unten, D = oben, E = hinten.

Die Perspektive von hinten erkennst du leicht daran, dass beide Bilder achsensymmetrisch zueinander sind.

Exkurs (Achsensymmetrie – 7. Klasse Grundwissen): Figur ist achsensymmetrisch, wenn sie durch eine Symmetrieachse in zwei deckungsgleiche Stücke aufgeteilt wird.

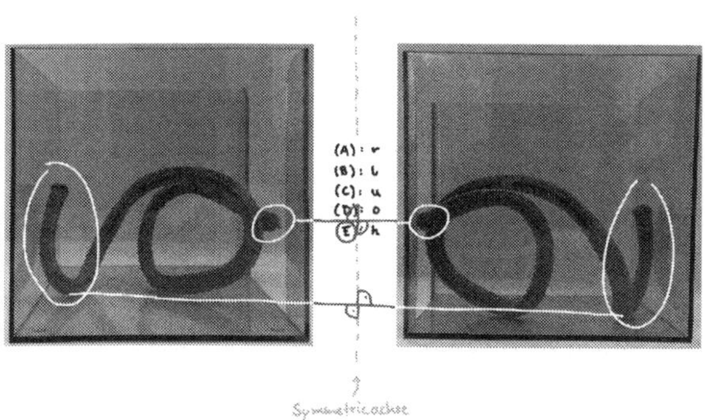

Übertragen auf die Aufgabe bedeutet das: Suche dir zwei markante Strukturen wie Schnurenden und Knoten. Was auch immer. Du musst sie nur in beiden Bildern erkennen. Umkreise sie. Zeichne die Symmetrieachse in der Mitte der beiden Bilder ein. Wenn jeweils beide Markierungen im rechten Winkel zur Symmetrieachse gleich weit voneinander entfernt sind, weißt du... surprise:

Es muss die Perspektive von hinten sein. Umkreise Buchstabe E.

Sidefact: Da du die Perspektive von hinten schnell erkennen kannst, verwendet der Test-Ersteller diese Perspektive selten. Wenn du also speziell bei dieser Aufgabengruppe die Antwort nicht weißt, kreuze nicht Buchstabe E an, sondern einen der anderen vier. #SecretTestHack

Sie sind nicht achsensymmetrisch zueinander? Auch mega; ein Buchstabe weniger und weiter geht's.

2. Schritt: Die Markierungen, die du im 1. Schritt gezeichnet hast, werden im zweiten Schritt wieder wichtig. Denn dadurch kannst du von den vier übrigen Perspektiven direkt zwei ausschließen. Und zwar immer. Cool, oder?

Befinden sich die zusammengehörenden Markierungen bei beiden Bildern auf gleicher Höhe?

Nein? Springe direkt zum dritten Schritt. Du hast soeben die Perspektive rechts und links ausgeschlossen.

Ja? Super, es kommen jetzt nach dem Ausschlussprinzip nur noch zwei Antworten in Frage. Rechts oder links.

Trick 1:

Stell dir vor, du bist in einem weißen leeren Raum. Vor dir steht ein Sockel, auf dem der Würfel aus der Aufgabe thront. Du siehst ihn von vorne. Gehe nun in Gedanken um den Würfel herum auf die rechte Seite.

Wie verändern sich beide Markierungen im Ausgangsbild? Wo befinden sich jetzt deine Markierungen? Ist die eine Markierung näher bei dir oder weiter weg?

Stimmt die Perspektive von rechts mit dem Ausgangsbild überein?

Ja? Jackpot. Umkreise A.

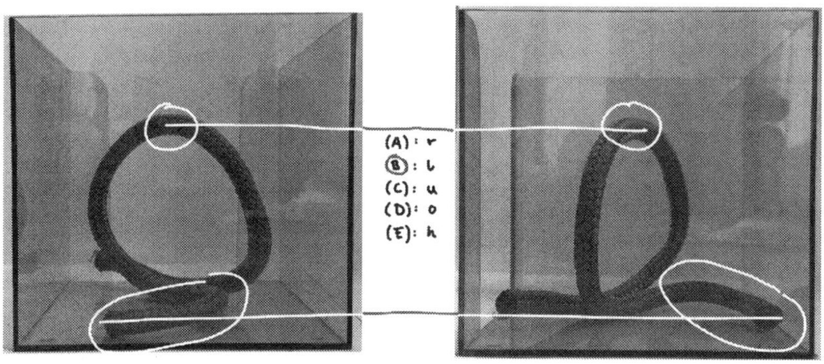

Nein? Gehe auf Nummer sicher und betrachte den Würfel wieder von vorne; gehe nun gedanklich auf die linke Seite. Stimmt sie jetzt überein? Perfekt. Umkreise B.

Alternativer Trick 1:

Du hältst den Ausgangswürfel in deiner flachen Hand. Wieder siehst du ihn zuerst von vorne. Erhasche nun, durch eine 90°-Bewegung deiner Hand im Uhrzeigersinn, einen Blick auf die rechte Seite.

Stimmt die Seite nicht überein, drehe den Würfel von der Ausgangsposition um 90° gegen den Uhrzeigersinn. Jetzt müsste die Perspektive übereinstimmen.

Wenn du dir eine andere Situation viel besser vorstellen kannst, dann nimm die. Probier dich einfach aus. Wenn du Pilot oder Ähnliches bist, benötigst du vielleicht auch keine dieser Hilfestellungen. Alles supi. Du musst dich wohlfühlen. Der Rest kommt dann von alleine.

3. Schritt: Wenn du bei diesem Schritt angelangt bist, kommen nur die Perspektiven von unten und oben infrage.

Trick 2:

Du bist wieder in einem leeren weißen Raum. Diesmal schwebt der Würfel über dir. Die physikalischen Gesetze klammern wir hier jetzt einfach mal ganz gekonnt aus. Sorry, Newton. Gehe nun unter den Würfel und schaue auf die Unterseite des Würfels.

Wie verändern sich beide Markierungen im Ausgangsbild? Wo befinden sich jetzt deine Markierungen? Ist die eine Markierung näher bei dir oder weiter weg?

Stimmt die Perspektive von unten mit dem Ausgangsbild überein?

Ja? Super. Umkreise C.

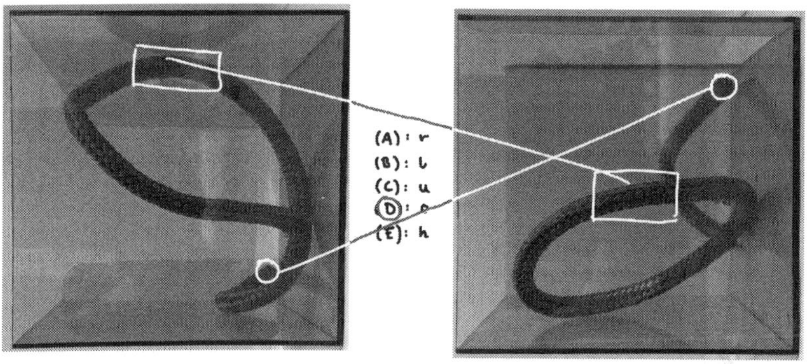

Nein? Plötzlich merkst du, wie dir in diesem Moment ein Superhelden-Cape wächst. Du kannst zaubern? Uiii. Kontrolliere die Perspektive von oben. Stimmt sie jetzt überein? Wunderbar. Umkreise D.

Alternativer Trick 2:

Stell dir den Würfel auf einem Tisch vor. Kippe den Würfel einmal weg von dir, sodass die Unterseite zum Vorschein kommt. Ist diese Perspektive die richtige?

Oder ist es doch die Oberseite? Kippe dafür den Würfel aus der Ausgangsposition einmal zu dir.

Auch hier: Nutze entweder meine Hilfestellungen oder kreiere dir ganz eigene. Wie auch immer. Benutze das, was du dir am besten vorstellen kannst.

Tippsi & Tricksi

Übung macht den Meister. So erkennst du bald auf einen Blick, ob die beiden Würfel achsensymmetrisch sind. Diesen Schritt kannst du dann natürlich überspringen. Halte dich aber trotzdem an die grundlegenden Strukturen der Strategie. Umkreise markante Strukturen. Und sollte eine knifflige Aufgabe auf dich zukommen, kannst du dann ganz getrost wieder step-by-step vorgehen und die Lösung aus der Aufgabe herauskitzeln. Das gibt dir doch ein Gefühl der Sicherheit, oder?

Leichtsinnsfehler sind bei dieser Aufgabengruppe besonders ärgerlich. Denn du kannst sie in aller Regel durch eine kurze Kontrolle schnell ausfindig machen. Wenn du nicht eh schon viel eher fertig bist, kontrolliere zwei Minuten vor Zeitablauf alle Aufgaben noch einmal im Schnelldurchlauf. Trotzdem solltest du es mit der Kontrolle nicht übertreiben. Ich weiß: Die altbekannte Gratwanderung.

Nicht selten werden dir Fallen gestellt. Dabei sehen sich die Perspektive von hinten, oben und unten sehr ähnlich. Pass da auf dich auf und befolge strikt die Strategie. Da schauen dann die Testersteller in die Röhre... Naja, eher in den Kasten.

Vorhin hatte ich es ja kurz angesprochen: Da die Bilder wahrscheinlich nicht aus der Feder eines professionellen Designstudios kommen und dementsprechend aussehen, kannst du bei manchen Bildern anhand der Schatten und des Lichtes erkennen, an welcher Perspektive du dran bist. Nutze diesen Trick aber erst, wenn du wirklich nicht weiterkommst.

Dir gehen die Übungen aus? Oder du willst mal so richtig schwere Aufgaben bearbeiten? Oder willst testen, inwieweit sich ein Blickwinkel durch alle fünf Perspektiven ändert? Erstelle dir einfach selber die Übungen. Du benötigst lediglich einen Glaswürfel und Ladekabel oder Schnüre. Jetzt sind deiner Kreativität keine Grenzen mehr gesetzt. Wenn du dich nicht spoilern willst, bitte doch einfach Freunde oder Familie, zwei Fotos aus unterschiedlichen Blickwinkeln dieses Glaskubus zu schießen. Am besten merken sie sich dann direkt die jeweilige Perspektive für die Kontrolle. Weil wir gerade so schön in Fahrt sind. Um die Aufgaben noch schwerer zu machen, spiele an den Druckereinstellungen. Erhöhe die Helligkeit und senke den Kontrast. Die Bilder werden immer unkenntlicher. So wirst du ein Experte, der jeder Aufgabe trotzen kann.

Quantitative und formale Probleme

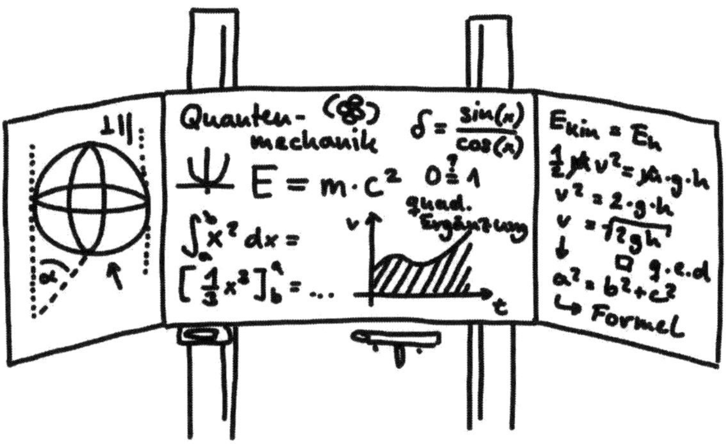

Aufbau

Beispielaufgabe:

Marion isst 3,5% des Kuchens. Davon werden 70% im Magen aufgenommen. Von dem verbleibenden Kuchenstück werden auf Weg zum Darm 4% ausgeschieden.

Welcher Anteil des Kuchenstücks wurde vom Körper wieder ausgeschieden?

(A) 12%

(B) 1,2%

(C) 14%

(D) 1,4%

(E) 130%

„Walle! walle
Manche Strecke,
Dass zum Zwecke,
Wasser fließe
Und mit reichem, vollem Schwalle
Zu dem Bade sich ergieße."

Ein Ausschnitt aus der Ballade „Der Zauberlehrling" von Johann Wolfgang von Goethe, in der ein Geselle durch Magie einen Besen verhext. Das Ganze läuft wie zu Erwarten aus dem Ruder. Hinten raus etwas negativ, aber toller Kern.

Wo war ich? Ah ja, stimmt, quantitative und formale Probleme. Wer auch noch zaubern kann, sind meines Erachtens Mathematiker. Schweineüberleitung for president. Mathematik. Das ist ein weites Feld. Warum sind Mathematiker Zauberer für mich? Wahrscheinlich, weil sie Zahlen in super komplexe Formeln reinwerfen und raus kommt das richtige Ergebnis. Im besten Fall.

Wenn man sich das aber mal näher anschaut, kann man Mathematik gut in kleine, verständliche Schritte zerlegen. Mathematik folgt strengen Regeln. Wenn du also die Grundregeln wirklich verstehst, genügend Eifer und dann noch eine Prise logisches Denken hinzu gibst, kannst du bei Quanti die volle Punktzahl abräumen. Wenn du wölltest. (Konjunktiv III. Huch, meine Deutschlehrerin wäre wahrscheinlich stolz auf mich. Grüße gehen raus.)

Back to the topic: In jeder Aufgabe wirst du mit einer Sach- und Mitmachgeschichte konfrontiert. Du kennst bereits das Spiel. Aus fünf vorgesetzten Antworten sucht du im günstigsten Fall die richtige raus und kreuzt diese in deinem Antwortbogen an. Dabei sind die Aufgaben ganz unterschiedlicher Natur. Natürlich brauchst du auch hier kein Vorwissen. Daran siehst du, dass die Aufgaben mit den grundlegenden Regeln der Mathematik lösbar sind. Punkt vor Strich. Von innen nach außen klammern. Und wenn du dann noch weiterführendes Wissen hast. Jackpot.

Auch wenn du in der Schule manchmal das Gefühl hattest, nicht die hellste Leuchte am Firmament der Mathematik zu sein, kann ich dich beruhigen. Die Aufgaben haben nichts mit den

Mathematikaufgaben aus der Erziehungsanstalt zu tun. Sonst hätte ich auch ein kleines bis nicht minder großes Problem gehabt.

Die 24 Aufgaben wollen von dir innerhalb von 60 Minuten bearbeitet werden, sprich *2 Minuten und 30 Sekunden pro Aufgabe.*

Strategie knackig

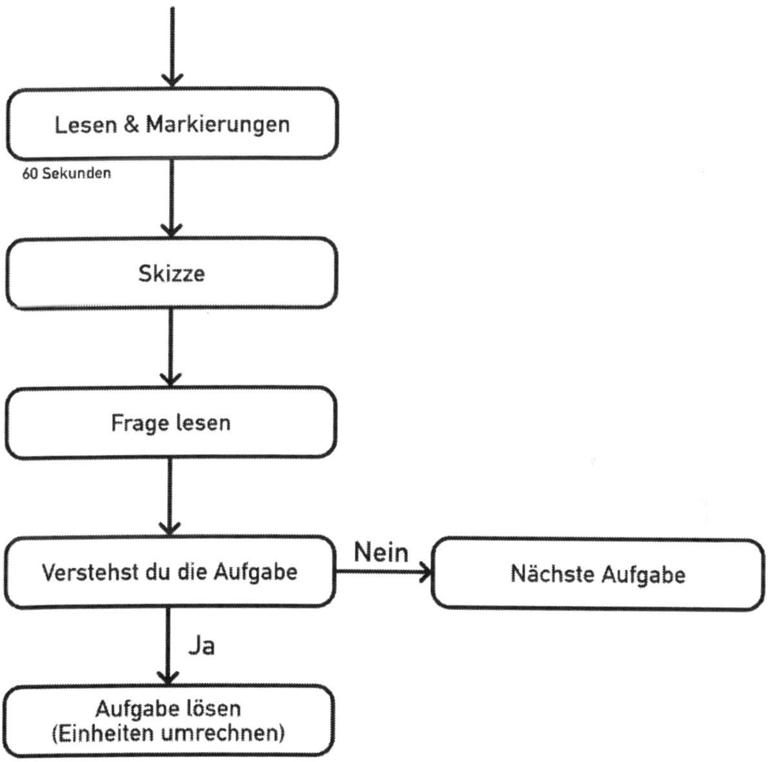

Insgesamt: 2 Minuten 30 Sekunden

Strategie auseinandergenommen

Wenn du dir nun noch neben den grundlegenden mathematischen Regeln folgende weiterführende Themen drauf schaffst, bist du bestens für die Aufgaben gewappnet. Lerne sie in Eigenregie. Leider kann ich nicht jedes Thema einzeln besprechen, da das wahrscheinlich die Bindung des Buches sprengen würde. Zu jedem Thema gibt es aber auf Youtube gute Videos, die mit der richtigen Einstellung auch Spaß machen anzuschauen. 1080p kann ich empfehlen. Also zoomt euch da mal rein:

TODO

- [ ] **Gleichungen auf- und umstellen**
- [ ] **Potenzen**
- [ ] **physikalischen Einheiten kennen und umrechnen**
- [ ] **elementare Funktionen**
- [ ] **Proportionalität/Dreisatz**
- [ ] **Prozentrechnung**
- [ ] **Mischungsaufgaben**
- [ ] **Wahrscheinlichkeitsrechnung**
- [ ] **Umstellen nach einer Variablen**

Und wenn du jetzt noch Kopfrechnen-Profi wirst, kann dich Nichts mehr aufhalten. Denn mit Taschenrechner ist im Test nichts. Alles verboten.

Schriftliche Addition, Subtraktion, Multiplikation und Division ist wieder in.

Let's get ready to rumble!

1. Schritt: Lies zunächst den Sachverhalt aufmerksam durch. Nimm den Text dabei nach folgenden Markierungsregeln innerhalb maximal *einer Minute* auseinander:

Unterstreiche Signalworte und Einheiten.

Umkreise Zahlen.

Beispielaufgabe:

Marion isst 3,5% des Kuchens. Davon werden 70% im Magen aufgenommen. Von dem verbleibenden Kuchenstück werden auf Weg zum Darm 4% ausgeschieden.

Welcher Anteil des Kuchenstücks wurde vom Körper wieder ausgeschieden?

Umkastel Formeln.

So könnte der Text danach aussehen. Haters will say it's fake.

2. Schritt: Das menschliche Gehirn denkt seit Geburt an in Bildern. Um also einen Sachverhalt wirklich verstehen zu wollen, musst du ihn dir in Bildern vorstellen. Wie Worte die Sprache unseres Bewusstseins sind, sind Bilder die Sprache unseres Unterbewusstseins. *Skizziere* also, und mache deine Kunstlehrerin glücklich.

Mag der Sachverhalt noch so leicht sein, versprich mir bitte, dass du dir *immer* eine kurze Skizze machst. Indianerehrenwort? Das ist mir wichtig.

Stelle das Problem in möglichst knapper Form dar

Verwende Abkürzungen

Verwende Wirkungspfeile (und Pfeile die keine Wirkung darstellen).

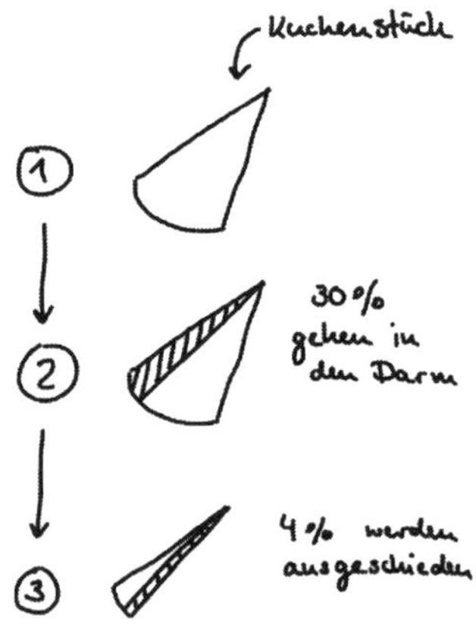

Et voilà!

3. Schritt: Lies jetzt erst die Frage und beantworte sie.

Unterstreiche Signalworte und Einheiten.

Nach was ist explizit gefragt?

Bei der Beantwortung Einheiten der Frage und im Text vergleichen.

Tippsi & Tricksi

Oft unterscheiden sich die Antwortmöglichkeiten stark voneinander. Nutze das zu deinem Vorteil. Wenn du in Zeitnot bist, dann kommt jetzt die *Überschlagsrechnung* ins Spiel. Mit Überschlag bekommst du sehr schnell ein Gespür dafür, in welcher Größenordnung sich das Ergebnis erstreckt. Dadurch kannst du direkt Antwortmöglichkeiten ausschließen. Ihr Vorteil ist aber direkt auch ihr größter Nachteil. Denn du bekommst eben nur eine ungefähre Richtung und nicht das korrekte Ergebnis. Deshalb nur anwenden, wenn du wirklich unter Zeitdruck bist.

(A) 12%
(B) 1,2%
(C) 14%
(D) 1,4%
(E) 130%

ÜBERSCHLAG:

$4 \cdot 30 = 120$

$0{,}3 \cdot 0{,}04 = 0{,}012$

Auch wenn sie sich in den Größenverhältnissen häufig stark unterscheiden, haben die Antwortmöglichkeiten oft eine gewisse Stringenz. So wird dir beispielsweise das *gleiche Ergebnis* vorgelegt, nur mit *anderen Kommastellen*. Häuft sich eine bestimmte Zahl in den Lösungsbuchstaben, kann man davon ausgehen, dass diejenige Zahl, die am wenigsten vorkommt, die falsche ist. In unserem Fall wäre das Buchstabe E.

Nach Quanti hast du nur noch Konzi und dann deine heiß ersehnte Pause. Da du für Konzi ein eigenes Antwortblatt ausgeteilt bekommst, wird der Antwortbogen am Vormittag nach Quanti eingesammelt. Wenn die Zeit bei Quanti abgelaufen ist, darfst du nicht mehr Kreuze in deinem Antwortbogen setzen. Deshalb musst du 5 Minuten vor Schluss alle noch ausstehenden Antworten ankreuzen; auch diejenigen aus den anderen zuvor bearbeiteten Aufgabengruppen, wenn du das nicht eh schon gemacht hast.

Konzentriertes und sorgfältiges Arbeiten

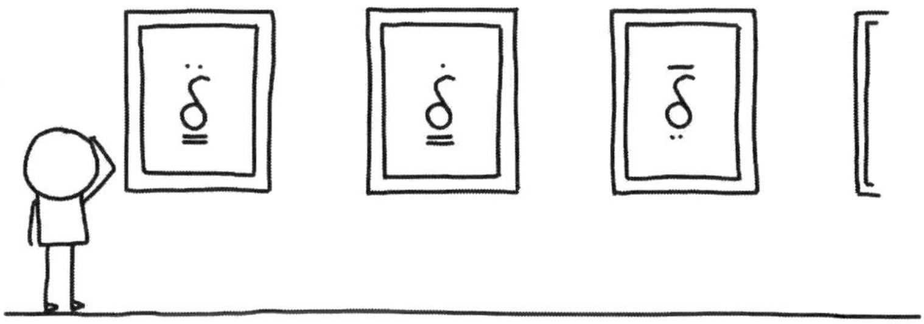

Aufbau

Beispielaufgabe

Streiche die erste Zahl, wenn die darauffolgende den doppelten Wert enthält.

1 3 5 2 4 3 6 7 4 8 4 8 8 4 7 6 3 7 1 2 4 5 4 8 3 7 3 6 9 2 5 2 4 2 4 8 1 2 9 5
8 7 6 5 4 8 2 1 2 3 9 4 7 8 8 2 6 5 4 1 9 6 2 4 1 9 1 3 5 2 4 3 6 7 8 4 8 8 4 7
6 3 7 1 2 4 5 4 8 3 7 3 6 9 2 1 5 2 4 2 4 8 1 2 9 5 8 7 6 5 4 8 2 1 2 3 9 4 7 8
8 6 5 4 1 9 6 2 4 1 9 1 3 5 2 4 3 6 7 8 4 8 8 4 7 6 3 7 1 2 4 5 4 8 3 7 3 6 9 2
5 2 4 2 4 8 1 2 9 5 8 7 6 5 4 8 2 1 2 3 9 4 7 8 8 6 5 4 1 9 6 2 4 1 9 1 3 5 2 4
3 6 7 8 4 8 8 4 7 6 3 7 1 4 2 4 5 4 8 3 7 3 6 9 2 5 2 4 2 4 8 1 2 9 5 8 7 6 5 4
8 2 1 2 3 9 4 7 8 8 6 5 4 1 9 6 2 4 1 9 1 3 5 2 4 3 6 7 8 4 8 8 4 2 7 6 3 7 1 2
4 5 4 8 3 7 3 6 9 2 5 2 4 2 4 8 1 2 9 2 5 8 7 6 5 4 8 2 1 2 3 9 4 7 8 8 6 5 4 1
9 3 6 2 4 1 9 1 3 5 2 4 3 6 7 8 4 8 8 4 4 7 6 3 7 1 2 4 5 4 8 5 3 7 3 6 9 2 5 2
4 2 4 8 1 2 9 5 8 7 6 5 4 7 8 2 1 2 3 9 4 7 8 8 6 5 4 1 9 6 2 4 1 9 1 3 5 2 4 3
6 7 8 4 8 8 4 7 6 3 7 1 2 4 5 4 8 3 7 3 6 9 2 5 2 4 2 4 8 1 2 9 5 8 7 6 5 4 4 8
2 1 2 3 9 4 7 8 3 8 6 5 4 1 9 6 2 4 1 9 1 3 5 2 4 3 6 7 8 4 8 8 4 7 6 3 7 1 2 4
5 4 8 3 7 3 6 9 2 5 2 4 2 4 8 1 2 9 5 8 7 6 5 4 8 2 1 2 3 9 4 7 8 8 6 5 4 1 9 6
2 4 1 9 3 1 3 5 2 4 3 6 7 8 4 8 8 4 7 6 3 7 1 2 4 5 4 8 3 7 3 6 9 2 5 2 4 2 4 8
1 2 9 5 8 7 6 5 4 8 2 1 2 3 9 4 7 8 8 6 5 4 1 9 6 2 4 1 9 1 3 5 2 4 3 6 7 8 4 8
8 4 7 6 3 7 1 2 4 5 4 8 3 7 3 6 9 2 5 2 4 2 4 8 1 2 9 5 8 7 6 5 4 8 2 1 2 3 9 4
7 8 8 6 5 4 1 9 6 2 4 1 9 1 3 5 2 4 3 6 7 8 4 8 8 4 7 6 3 7 1 2 4 5 4 8 3 7 3 6
9 2 5 2 4 2 4 8 1 2 4 9 5 8 7 6 5 4 8 2 1 2 3 9 4 7 8 8 6 5 4 1 9 6 2 4 1 9 1 3
5 2 4 3 6 7 8 4 8 8 4 7 6 3 7 1 2 4 5 4 8 3 7 3 6 9 2 5 2 4 2 4 8 1 2 9 5 8 7 6
5 4 8 2 1 2 3 9 4 7 8 8 6 5 4 1 9 6 2 4 1 9 1 3 5 5 2 4 3 6 7 8 4 8 8 4 7 6 3 7
1 2 4 5 4 8 3 7 3 6 9 2 5 2 4 2 4 8 1 2 9 5 8 2 7 6 5 4 8 2 1 2 3 9 4 4 7 8 8 6
5 4 1 9 6 2 4 1 9 1 3 5 2 4 3 6 7 8 4 8 8 4 7 6 3 7 1 2 4 5 4 8 3 7 3 6 9 2 5 2
4 2 4 8 1 2 9 5 8 7 6 2 5 4 8 2 1 2 3 9 4 7 8 8 6 5 4 1 9 6 2 4 1 9 1 3 5 2 4 3
6 7 8 3 4 8 8 4 7 6 3 7 1 2 4 5 4 8 3 7 3 6 9 2 2 5 2 4 2 4 8 1 2 9 5 8 7 6 5 4
8 2 1 2 3 9 4 7 8 8 6 5 4 1 9 6 2 4 1 9 1 3 5 2 4 3 4 6 7 8 4 3 8 8 4 7 6 3 7 1
2 4 5 4 8 3 7 3 6 9 2 5 2 4 2 4 8 1 2 9 5 8 7 6 5 4 8 2 1 2 3 9 4 7 8 8 6 5 4 1
9 6 2 4 1 9 3 1 3 5 2 4 3 6 7 8 4 8 8 4 7 6 3 7 1 2 4 5 4 8 3 7 3 6 9 2 5 2 4 2
4 8 1 2 9 5 8 7 6 5 4 8 2 1 2 3 9 4 7 8 8 6 5 4 1 9 6 2 4 1 9 1 3 5 2 4 3 6 7 8
4 8 8 4 7 6 3 7 1 2 4 5 4 8 3 7 3 6 9 2 5 2 4 2 4 8 1 2 9 5 8 7 6 5 4 8 2 1 2 3
9 4 7 8 8 6 5 4 4 1 9 6 2 4 1 9 1 3 5 2 4 3 6 7 8 4 8 8 4 7 6 3 7 1 2 4 5 4 8 3
7 3 6 9 2 5 2 4 2 4 8 1 2 9 5 8 7 6 5 4 8 2 1 2 3 9 4 7 8 8 4 6 5 4 1 9 6 2 4 1
9 1 3 5 2 4 3 6 7 8 4 8 8 4 7 6 3 7 1 2 4 5 4 8 3 7 3 6 9 2 5 2 4 2 4 8 1 2 9 5
8 7 6 5 4 8 2 1 2 3 9 4 7 8 8 6 5 4 1 9 6 2 4 1 9 1 3 5 2 4 3 6 7 8 4 8 8 4 7 6
3 7 1 2 4 5 4 8 3 7 3 6 9 2 5 2 4 2 4 8 1 2 9 5 8 7 6 5 4 8 2 1 2 3 9 4 7 8 8 6
5 4 1 9 6 2 4 1 9 1 3 5 2 4 3 6 7 8 4 8 8 4 7 6 3 7 1 2 4 5 4 8 3 7 3 6 9 2 5 2
4 2 4 8 1 2 9 5 8 7 6 5 4 8 2 1 2 5 3 9 4 7 8 8 6 5 4 1 9 6 2 4 1 9 1 3 5 2 4 3
6 7 8 4 8 8 4 7 6 3 7 1 2 4 5 4 8 3 7 3 6 9 2 5 2 4 2 4 8 1 2 9 5 8 7 6 5 4 8 2
1 2 3 9 4 7 8 8 6 5 4 1 9 6 2 4 1 9 1 3 5 2 4 3 6 7 8 4 8 8 4 7 6 3 7 1 2 4 5 4
8 3 3 7 3 6 9 2 5 2 4 2 4 8 1 2 9 5 8 7 6 5 4 8 2 1 2 3 9 4 7 8 8 6 5 4 1 9 6 2
4 1 9 2 3 1 3 5 2 4 3 6 7 8 4 8 8 4 7 6 3 7 1 2 4 5 4 8 3 7 3 6 9 2 5 2 4 2 4 8

Ganz schöner Zahlensalat, oder? Was sagst du dazu, wenn ich dir sage, was der Text dazu sagt:

„Ich bin zwar ein echter Zahlensalat, aber mit ein bisschen Übung kannst du mich in acht Minuten lösen. Ich bin 40 Zeilen lang zu je 40 Stellen, die mit allerhand gefüllt werden. Mit Zahlen, Symbolen, oder was auch immer. Da lässt sich mein 42-köpfiges Kreativteam nicht lumpen und organisiert immer wieder was Neues. Ich will ja, dass du dich auch anstrengst.

Und wie löst du mich? Ganz oben steht immer die Regel, nach der du meine insgesamt 1600 Zeichen durchforstest. Auch sie ist immer anders, sodass du dich nie an eine Aufgabenstellung gewöhnst. Ich will nicht, dass dir langweilig wird. Aber keine Sorge, du kannst mich wunderbar trainieren. In erster Linie geht es darum, dass deine Augen und dein Gehirn flink werden.

In jeder meiner 40 Zeilen verstecken sich durchschnittlich 10 richtige Zeichen und damit 30 falsche Zeichen, die du links liegen lassen sollst. Abgestrichen werden nur die 400 Richtigen von insgesamt 1600 Symbolen.

Im Optimalfall brauchst du *12 Sekunden pro Zeile*, um mich in der vorgegebenen Zeit komplett zu lösen.

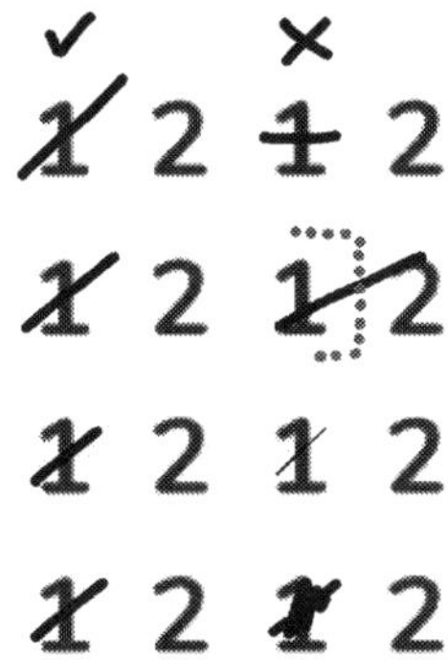

Ich bin ein deutscher Text, deshalb habe ich ein eigens für mich exakt definiertes Regelwerk bekommen. Dieser Katalog ist etwas lang, aber ich fasse ihn für dich zusammen.

Bearbeitung nur mit erlaubten Finelinern gestattet.

Zeichen nur diagonal streichen.

Striche dürfen nicht zu dick oder zu dünn sein.

Striche dürfen nicht zu kurz oder zu lang sein.

Das letzte Zeichen am Ende einer Zeile ist für das erste Zeichen der nächsten Zeile nicht relevant.

Und damit gebe ich ab." Es kommentierte Scripto, live aus dem TMS-Hauptstadtstudio.

Strategie knackig

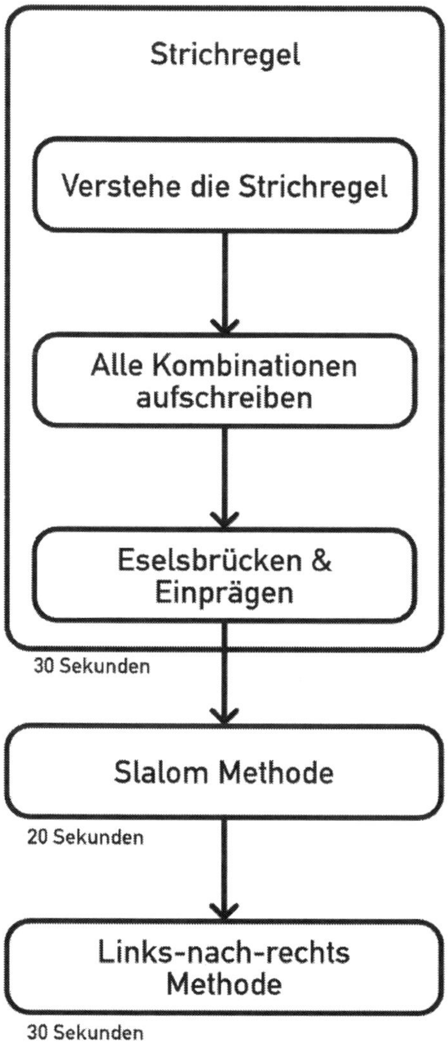

Strategie auseinandergenommen

1. Schritt: Bevor die acht Minuten Bearbeitungszeit starten, gewährt dir der Testersteller eine kurze Minute. In dieser Minute solltest du dich aber nicht ausruhen, denn du hast einiges vor.

> *Lies dir die vorgegebene Streichregel besonders aufmerksam durch.*

2. Schritt: Verstehst du die Regel?

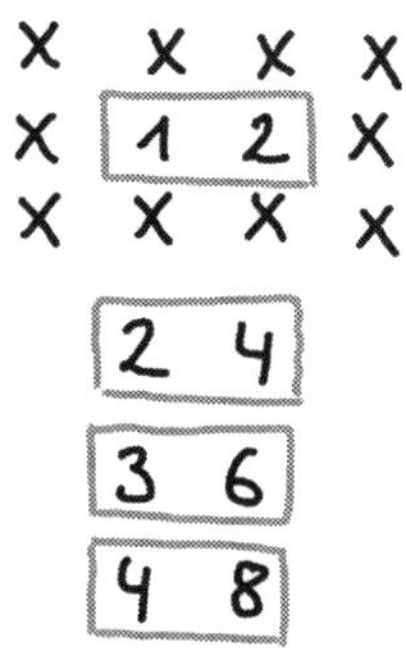

> *Schreibe dir neben die Aufgabenstellung alle möglichen Kombinationen auf.*

3. Schritt: Erinnerst du dich noch? „Bilder sind die Sprache unseres Unterbewusstseins." Damit du nicht immer wieder an die Streichregel denken musst, kreieren wir uns jetzt Eselsbrücken, indem wir beide zusammengehörenden Zeichen als gemeinsames Bild verknüpfen. So müssen wir uns die Streichregel nicht immer ins Gedächtnis rufen, sondern können anhand der Bilder sofort erkennen, ob das Zeichen wegzustreichen ist.

Dabei gilt die Regel:

> *Je ausgefallener, lustiger und ungewöhnlicher, desto einprägsamer. Werde kreativ.*

4. Schritt: Jetzt geht es ans Abstreichen. Dafür verschmelzen zugunsten der bestmöglichen Effizienz zwei Anfänger-Strategien hinten raus zu einer gemeinsamen Profi-Strategie.

Die erste Anfänger-Strategie trägt den wahnsinnig professionellen Titel: *links-nach-rechts-Methode*. Der Name ist Programm. Besonders diese Methode ist für den Einstieg besonders geeignet, da sie sich an der gewohnten Leserichtung der westlichen Welt orientiert. Trainiere am Anfang der Übungsphase erst einmal mit dieser Methode, um ein Gespür für die Aufgabengruppe zu bekommen. Vor allem Linkshänder profitieren von dieser Methode, da sie die nachfolgenden Zeichen nicht mit ihrer Schreibhand verdecken. Solltest du jetzt als Rechtshänder schon auf die Barrikaden gehen und Bengalos werfen wollen, keine Sorge.

Für dich gibt es das Pendant dazu: die *rechts-nach-links-Methode*. Anfangs könnte sie sich ungewohnt anfühlen, aber du wirst dich schnell daran gewöhnen. Verwirrung könnte auch die Leserichtung von rechts für die Streichregel auslösen. Denn die Streichregel definiert das Abstreichen in Leserichtung von links. Mit der Zeit wird dich das aber auch nicht mehr verunsichern.

Egal, ob du dich bei der ersten oder zweiten Methode wohler fühlst, du solltest sie beide beherrschen für die Profi-Strategie. Trommelwirbel bitte: Die *Slalom-Methode*.

Wie bei einem Slalom fährst du solange in die eine Richtung, bis du zu einer Pylone, oder wie das auch immer heißt, kommst. Dann drehst du um und fährst in die andere Richtung. Zeile für Zeile, bis du durch die Ziellinie fährst. Starte mit der links-nach-rechts-Methode in der ersten Zeile. Bis du am Ende der Zeile angelangt bist. Drehe um und bearbeite die nächste Zeile nach der rechts-nach-links-Methode.

Das spart nicht nur Zeit (es geht hier ungelogen um Bruchteile von Sekunden), die für das Zurückspringen an den Anfang oder das Ende der nächsten Zeile drauf gehen würde, sondern du überspringst dadurch auch keine Zeile aus Versehen. Ohne die Unterbrechungen des Zurückspringens bleibst du im Flow und wirst nicht so schnell abgelenkt.

An diese Methode musst du dich natürlich erstmal gewöhnen. Aber wenn du sie drauf hast, kann dich keiner mehr aufhalten.

Selbstverständlich hat die Methode auch ihre Schwachstelle. Da du nach jeder Zeile die Leserichtung wechselst, die Streichregel aber immer gleich bleibt, musst du aufpassen, die Streichregel korrekt zu befolgen. Wenn du dir aber einprägsame Eselsbrücken geschaffen hast, ist die Leserichtung egal, denn du siehst beide Zeichen als ein Bild, bei dem du genau weißt, welches Zeichen abzustreichen ist.

5. *Schritt:* Bleib konzentriert beim Abstreichen, achte aber trotzdem gegen Ende der 8 Minuten auf die Zeit. Bearbeite den Symbolsalat ca. 30 Sekunden vor Schluss nur noch mit der links-nach-rechts-Methode. Warum? Das kommt jetzt.

Tippsi & Tricksi

Achte vor allem zu Beginn deiner Übungsphase auf eine möglichst sorgfältige Ausführung der Übungsaufgaben. Versuche die Richtigen zu streichen, keine Falschen zu markieren und keine Richtigen auszulassen. Besonders aber keine Zeile zu überspringen. Denn das gibt richtig Minuspunkte. Führe deshalb relativ bald die *Slalom-Methode* in deinen Lernplan ein. Natürlich benötigst du für diese Phase noch keinen Timer. Es geht erst einmal darum, die *richtige Bearbeitungsweise zu festigen.* Sobald du dich sicher fühlst, streiche auf Zeit.

Sobald du in der Methodik geübt bist, kannst du nachfolgenden Tipp ausprobieren: In der Zeit, in der deine Finger ein Zeichen abstreichen, kannst du mit deinem *Blick* schon *weiter schweifen.* So teilst du dir die Arbeit effizient ein und kannst deutlich mehr Zeichen bearbeiten. Das nennt sich dann Multithreading (#nerdtalk). Den Blick-Fokus dabei etwas herauszunehmen hat mir beispielsweise enorm geholfen und ich konnte einen größeren Ausschnitt auf einmal betrachten. Probier dich einfach aus.

Wenn du dir deine Eselsbrücken die ganze Zeit über beim Abstreichen in Erinnerung rufst, sind sie präsent und du musst noch weniger überlegen. Aber natürlich nur, wenn es dich nicht zu sehr vom Wesentlichen ablenkt.

Speziell für diese Aufgabengruppe wiederhole ich mich. *Drucke* die *Übungen aus* und streiche mit demjenigen Fineliner, den du auch im Test benutzen wirst. Hier kommt es auf jede Sekunde an. Und jede Sekunde, die du durch Unsicherheit vergeudest, ist eine Sekunde zu viel. Deshalb gewöhne dich von Anfang an an das Handling deines Fineliners und werde eins mit ihm. Sekiwan-Uke.

Welcher Fineliner ist denn überhaupt erlaubt? Das definieren die Ersteller tatsächlich gar nicht so genau. Er muss schwarz und dünn sein. Gut, das grenzt es schon einmal ein. Auf ca. 2,5 Millionen Stifte. Wenn du dann in dem Schreibwarenladen deines Vertrauens stehst, merkst du schnell, dass viele Fineliner auf diese Definition passen. Jetzt heißt es also ausprobieren. Ich habe bestimmt eine Stunde verschiedene Fineliner getestet. Wie ist das Handling, die Leichtgängigkeit, die Schreibqualität? Das Wichtigste aber: Du musst dich mit ihm wohlfühlen. Zwischen euch muss es Klick machen. Denn ihr werdet viel Zeit miteinander verbringen. Letztendlich habe ich mich für den *Standard-Fineliner von Stabilo* entschieden. Fun Fact: Als ich wusste, dass ich den Stabilo nehme, habe ich alle Stabilos ausprobiert und mich dann für zwei entschieden. Ich hab mich ein bisschen wie Harry Potter bei Ollivander gefühlt (#ad #unpaid #meldetEuch).

Wir werden uns am Ende des Buches noch einmal genauer mit der richtigen Ernährung beschäftigen. Eines nur vorweg:

Schmeiße dir 20 Minuten vor der Übung, also im letzten Drittel von Quanti, das weiße Zeug ein. *Traubenzucker* natürlich. Das gibt dir den nötigen Energiekick, den du für die Hoch-Konzentrationsphase unbedingt brauchst. Abgesehen von Diagramme & Tabellen kann ich dir den Einsatz von Traubenzucker sonst nicht empfehlen. Zu Risiken und Nebenwirkung sagen Sie Ihrem Arzt, er sei Apotheker. Oder lies das Kapitel „Essen und Trinken" am Schluss.

Merke: Bei Quanti musst du nicht nur die restlichen Kreuze streichen, sondern auch an den Traubenzucker denken.

Du wirst durch Geräusche schnell abgelenkt? Benutze *Ohropax.* Ohropax sind ein zulässiges Mode-Accessoire. Aber - persönliche Meinung - nur für diese Aufgabe. Aus zwei Gründen: Deine Griffel kleben nach Berührung mit dem Wachs. Du kannst dir zwar in der Pause die Hände waschen, mich würde das aber trotzdem wahnsinnig machen, wenn mein Fineliner an meinen Fingern klebt. Der zweite Grund ist, dass du natürlich noch die Anweisungen des Testleiters hören solltest. Wenn du also 30 Sekunden vor Schluss auf die links-nach-rechts-Methode wechselst, nimm die Ohrstöpsel raus. Probiere sie doch einfach mal in den Übungen aus, auch wenn der Raum, in dem du trainierst, leiser als ein Tonstudio ist. Helfen sie dir oder hindern sie dich eher?

Der nächste Tipp ist brandgefährlich, dafür aber auch effektiv. Trotzdem: Nutze ihn ausschließlich für die Übungsphase. *Markiere* dasjenige *Symbol*, das *fünf Zeilen weiter* liegt, als du durchschnittlich maximal kommst. Wenn du also immer bis Zeile

20 kommst, markiere dir, bevor die Zeit startet, das letzte Symbol in Zeile 25. Das baut zusätzlich Druck auf. Denn wenn du es nicht bis dorthin schaffst, werden dir enorm viele Punkte abgezogen. Warum?

Schuld dafür ist die Auswertung speziell dieser Aufgabengruppe. Denn die Bewertung richtet sich alleine nach der Stelle des zuletzt gestrichenen Symbols. Wenn du also das letzte Symbol in Zeile 25 gestrichen hast, wird in diesem Bereich, sprich von Zeile 1 bis Zeile 25, abgerechnet. Dabei bekommst du für jedes richtig gestrichene Symbol 1 Punkt, für jedes fälschlicherweise gestrichene Symbol 1 Minuspunkt und für jedes übersehene richtige Symbol ebenfalls 1 Minuspunkt. Deshalb ist es auch so wichtig, keine Zeilen zu überspringen. Überfliege deshalb trotz der Slalom-Methode 30 Sekunden vor Schluss die bearbeiteten Zeilen am linken Rand und prüfe, ob Zeilen ausgelassen wurden.

Merke: Überfliege 30 Sekunden vor Schluss den Salat auf der Suche nach übersprungenen Zeilen, wechsle von der Slalom-Methode auf die links-nach-rechts-Methode und falls du Ohropax benutzt: Hau sie raus.

Versuche aber nicht, ein fälschlicherweise gestrichenes Symbol in einer wilden Rettungsaktion korrigieren zu wollen. Erstens erkennt der Quantencomputer deine Korrektur nicht und zweitens kannst du in der Zeit mindestens drei Richtige streichen, wodurch der Fehler mehr als ausgeglichen wird.

Und denk immer dran: Sollte die Streichregel schwierig sein; für die anderen ist sie genauso schwierig, wenn nicht sogar schwieriger. Es geht nur darum, besser als die Anderen zu sein.

Dann bist du zufrieden. Dann ist deine Traumuni zufrieden. Und ich bin zufrieden.

Exkurs: Manuelle Auswertung

Im Test wird die Auswertung natürlich für dich übernommen. In der Übungsphase musst du das ganz alleine machen. Da sich die Auswertung von den anderen Aufgabengruppen unterscheidet, nachfolgend eine Handlungsanweisung:

I. Markiere das zuletzt bearbeitete Symbol.

II. Zähle nun die richtig markierten Zeichen. Nutze dafür die vorgegebenen Lösungsschablonen. Es gibt etliche Handzähler-Apps. So musst du keine Striche auf dein Blatt machen, sondern kannst einfach in der App für jeden Punkt klicken.

III. Bestimme daraufhin die Anzahl der falsch markierten Zeichen.

IV. Jetzt bestimmst du die Anzahl der übersehenen Zeichen.

V. Ziehe nun von der Anzahl der richtig markierten Zeichen die falsch markierten und überlesenen ab. Teile dann dein Ergebnis immer durch den Wert 40. So kannst du feststellen, ob und inwieweit du dich verbessert hast. Im Test hängen deine Ergebnisse natürlich nicht von der Zeile 40 ab, sondern wie weit du im Vergleich zu den anderen gekommen bist.

Figuren und Fakten lernen

Figuren & Fakten lernen ist so ähnlich wie ein Käsebrot mit Meerrettich. Eigentlich gehören sie nicht zusammen, sind aber trotzdem irgendwie füreinander bestimmt. Beide Aufgabengruppen überprüfen gnadenlos deine langfristige Gedächtnisfähigkeit. Nur auf unterschiedliche Weise. Bei der einen werden dir abstrakte Bilder, bei der anderen Patienteninformationen vorgelegt.

Das Beste: Du kannst bei beiden Aufgaben die volle Punktzahl abholen. Das sind jeweils 20 Punkte. Lass dir das mal auf der Zunge zergehen. Ich mache mir währenddessen erstmal ein Käsebrot mit Meerrettich. Nom-nom.

Das erinnert mich wieder an diese Ambivalenz. Im wahrsten Sinne des Wortes. Denn beide Aufgaben sind jeweils zweigespalten: In die Einpräge- und die Reproduktionsphase. Ich sag immer: Peitsche- und Zuckerbrot-Phase. Erst die Arbeit, dann die Belohnung. Peitsche und Zuckerbrot werden von dem zuckersüßen einstündigen Textverständnis isoliert.

Aus einem mir nicht erklärlichen Grund haben die Damen und Herren aus der Verwaltung entschieden, bei diesen beiden Aufgabengruppen keine Aufgabe zu streichen. Von jeweils 20 Aufgaben werden 20 gewertet. Wer hat noch nicht, wer will nochmal! Jeder Treffer ein Punkt!

Figuren lernen

Aufbau

Beispielaufgabe

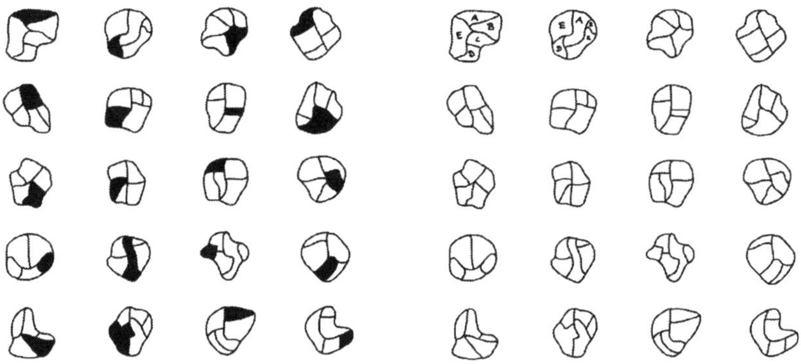

PEITSCHE ZUCKERBROT

Ist das Kunst oder kann das weg? Das könnte man sich gut und gerne an dieser Stelle fragen. Aber wir sind ja leider nicht hier, um Bestehendes zu hinterfragen. 20 Kleinkunstwerke werden dir präsentiert. Du bist der Galerist. Du entscheidest aber nicht über Verbleib, sondern versuchst, die Gebilde zu behalten. In deinem Kopf. Jedes Kunstwerk besteht aus fünf Sektoren, von denen einer schwarz ausgemalt ist.

In der Zuckerbrot-Phase siehst du nur noch weiße Felder. Finde das schwarze Schaf!

Dabei ist die Reihenfolge der Gemälde vertauscht. Ansonsten bleiben sie aber unverändert, also keine Spiegelung, Drehung, o.Ä.

Für die Peitschen-Phase werden dir vier Minuten zugesprochen, sprich *12 Sekunden pro Bild.* Nichts mit Pinkelpause. In der Zuckerbrot-Phase steht ausreichend Zeit von sechs Minuten zur Verfügung.

Strategie knackig

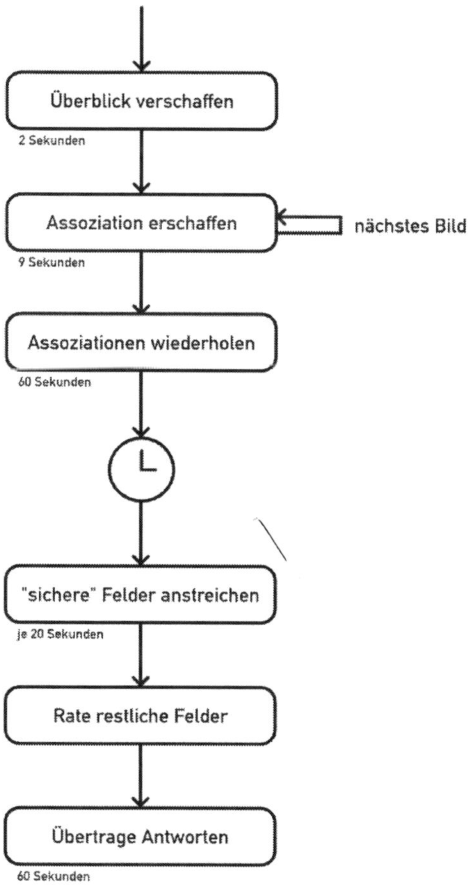

Strategie auseinandergenommen

1. Schritt: Bevor du dich Hals über Kopf in die Aufgabe stürzt und deine noch verbleibenden Neuronen anschmeißt, nimm dir zwei Sekunden, um einen *ungefähren Überblick* über die *äußere Form* der Gemälde zu bekommen. Ist sie im Durchschnitt rund, eckig oder ein Mix aus beidem?

2. Schritt: Pro Bild musst du dir Außenform und schwarzen Sektor merken. Erschaffe für *beide Körper starke Assoziationen*, die bei der sogenannten Hochzeit miteinander verschmelzen und sich im Idealfall nicht mehr trennen.

Merkregel: Je sexueller, perverser, brutaler und/oder witziger die Assoziationen, desto einprägsamer.

Hau auf die Kacke! Klammer für diese vier Minuten jeglichen Anstand oder Scham aus. Werde pervers. Werde witzig. Werde brutal. Nach den vier Minuten aber bitte wieder normal. Danke.

Merke: Beide Körper werden zu einer Assoziation.

Anleitung zum Assoziieren:

> *Nutze die erste Assoziation, die dir in den Sinn kommt.*
>
> *Übertreib es nicht mit zu vielen Assoziationen pro Bild.*
>
> *Sieh das Bild vor deinem geistigen Auge.*
>
> *Übertreibe!*

Fühle, höre, rieche, schmecke deine Assoziation!

Bleib lässig!

Wenn du dann noch das Ganze so in innerhalb von *neun Sekunden pro Bild* hinbekommst, muss ich sagen: Champion!

Die äußere Form bestimmt in gewisser Weise den Schwierigkeitsgrad.

Weist die äußere Form erkennbare Unterschiede auf?

Freu dich erstmal, machs dir gemütlich, setze einen Tee auf, lies ein Buch. Spaß. Trotzdem ist die Aufgabe ungleich einfacher. Denn du kannst die Bilder anhand der äußeren Form leicht voneinander unterscheiden. So fallen dir für die äußere Form super schnell verschiedene Geschichten ein. Anders als wenn du nur Volleybälle vor dir siehst.

Aber das wirst du jetzt selber gleich feststellen. Überlege dir bei nachfolgendem Beispielen jeweils eine zusammengehörende Assoziation.

„Pinguin mit Nasenbluten."

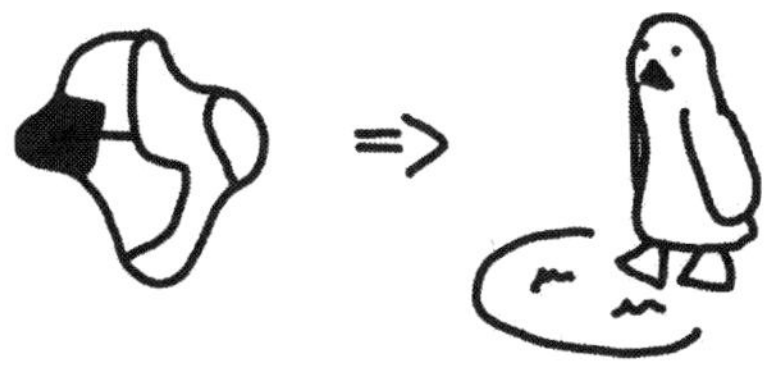

Auch wenn bei der Kreativität sicherlich noch Luft nach oben ist. Ich zügle mich. Ist nicht ganz Jugendfrei.

Ist die äußere Form eher gleich?

Hier entlang, wenn die äußere Form schwer voneinander zu unterscheiden ist. Nicht bummeln, die Zeit drängt.

Sollte die äußere Form so glatt wie ein Babypopo sein, hast du ein kleines Problem. Aber keine Sorge.

Denke dir maximal zwei Sektoren weg. Der schwarze Sektor sollte danach aber noch enthalten sein. Das wäre sonst eher kontraproduktiv. Jetzt hast du eine *einzigartige markante Struktur* und nun beginnt das gleiche Spiel wie oben, nur eben mit einem kleinen Umweg. Alle Wege führen nach Rom. Auch mit Umwegen.

Probier das doch gleich mal aus.

„Winkender Mensch mit blutendem Herzen."

„Anker, der rechtsextrem ist."

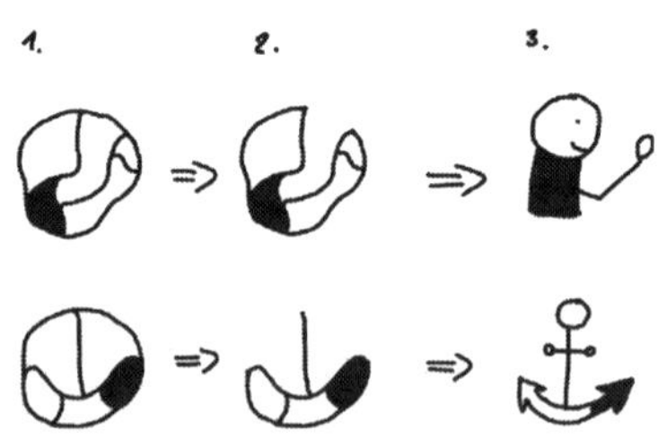

3. Schritt: So. Jetzt hast du dir im besten Fall zu jeder Figur eine zusammengehörende Assoziationen gemacht. Das Zeiteisen sagt: noch eine Minute.

In dieser *Minute* gehst du noch einmal *alle Gemälde* mit ihren *Assoziationen* durch. *Drei Sekunden pro Bild max.!*

Fällt dir direkt auf den ersten Blick die Assoziation wieder ein, springe sofort zum nächsten Bild. So lange, bis du durch bist. Wenn dir die Asso entfallen ist, mach neu.

Wiederholung ist key. Sie ist sogar wichtiger, als die Aufgabe ganz zu bearbeiten.

Deshalb: Steckst du beim Assoziieren und hast nur noch 30 Sekunden über: Wiederhole lieber die bereits gelernten Kunstwerke, um sichere Punkte abzustauben.

4. Schritt: Nach den vier Minuten Hoch-Konzentration wünscht du dich vielleicht an irgendeinen Strand mit Cocktail in der Hand. Aber, m-m, so läuft das nicht. Erst einmal gleitest du in die sich direkt anschließende fünfminütige Einprägephase von Fakten lernen, bearbeitest eine Stunde lang Textverständnis und siehst dann erst wieder deine Gemälde. Nur eben ohne schwarze Sektoren. Obviously.

Wenigstens hast du in der Zuckerbrot-Phase keinen allzu großen Zeitdruck. *Pro Aufgabe 20 Sekunden.* Wenn das mal nichts ist.

Erster Durchgang: Versuche zunächst alle Felder zu streichen, die du sofort wieder erkennst. Lasse diejenigen Felder aus, bei denen du dir unsicher bist.

Zweiter Durchgang: Nun gehst du nochmal eben diese Felder durch. Solltest du die Antwort immer noch nicht wissen, rate nach Bauchgefühl. Das ist meistens richtig, da die Antwort im Unterbewusstsein gespeichert ist.

Dritter Schritt: Übertrage jetzt erst alle Lösungen in den Antwortbogen. Merke dir immer die Lösungsbuchstaben einer Viererreihe und kreuze sie im Bogen an. So verlierst du nicht so viel Zeit beim hin- und her-switchen. Solltest du noch Zeit haben, kontrolliere die Ergebnisse. Bist du im Antwortbogen verrutscht?

Tippsi & Tricksi

Komme bitte nicht auf die dumme Idee, im Textverständnis Notizen zu Figuren & Fakten lernen zu machen. Und nein, auch nicht, wenn du sie besonders gut chiffrierst. Da fällt mir ein passendes Zitat ein:

„Dumm ist der, der Dummes tut." - Forrest Gump

Außerdem ist es verboten. Du schaffst das auch ohne. Es ergeben sich sowieso drei enorme Nachteile: *Erstens* braucht es Zeit, die Informationen so gut zu chiffrieren, dass es die Testleiter nicht erkennen. Die Zeit, die du für Textverständnis brauchst. *Zweitens* konzentrierst du dich nicht voll und ganz auf Textverständnis, sondern denkst über zwei Aufgabengruppen nach, nach denen gerade gar nicht gefragt ist. Und kleiner Tipp: Im Textverständnis kannst du auch Punkte absahnen. *Drittens* und das ist das Totschlagargument: Wenn du in der Reproduktionsphase von Figuren & Fakten lernen bist, kannst du sowieso nicht mehr zu den Notizen zurückblättern.

Apropos Notizen machen. In der Reproduktionsphase darfst du natürlich wieder Notizen zu Figuren lernen anfertigen. Sollte das wider Erwarten nicht erlaubt sein, wird dich der Testleiter frühzeitig darüber aufklären. Aber falls du dir mit manchen Figuren unsicher bist, *schraffiere* doch denjenigen *Sektor* leicht, von dem du am meistens glaubst, dass er *richtig* ist. Wenn sich bei dir nichts regt, der nächst bessere. So kommt die Assoziation wieder meistens wie von alleine zurück und dir fällt sie wie Schuppen von den Augen. Also jetzt übertragen gesehen.

Rock it!

Fakten lernen

Aufbau

Beispielaufgabe

Aaron:	ca. 20 Jahre,	Gärtner,	Amublanz	- Bronchitis
Denise:	ca. 20 Jahre,	Baumflüsterer,	mittellos	- Lungenembolie
Timothy:	ca. 20 Jahre,	Pflanzendesigner,	Quarantäne	- Covid-19
Blake:	ca. 30 Jahre,	...		

Was hat ein Hallig-Bewohner beim Gezeitenwechsel mit Fakten lernen zu tun? Du wirst bei beidem überflutet. Wobei diese Informationen nicht verschwimmen, sondern klar vor dir stehen sollten.

15 Patientenakten mit jeweils Name, Alter, Beruf, Geschlecht, Eigenschaft sowie Krankheitsbild erwarten dich voller Vorfreude. Schade, dass du nur fünf Minuten mit diesen verbringen darfst. Aber keine Sorge: Du beschäftigst dich nach Textverständnis und der Zuckerbrot-Phase von Figuren lernen wieder mit deiner Brut. 20 Fragen wollen zu den Patienten beantwortet werden. Dafür stehen dir sieben Minuten zur Verfügung. Also reichlich Zeit. Pass auf, dass du nicht wegnickst.

Strategie knackig

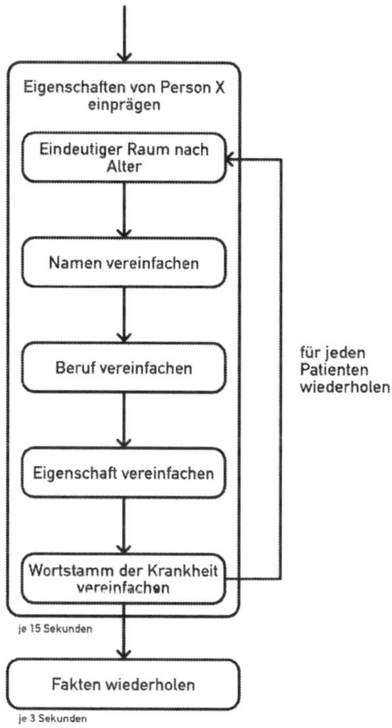

Strategie auseinandergenommen

Das nachfolgende 5-Schritte-Prinzip ist jeweils für einen Patienten ausgelegt. Beginne mit dem zweiten Patienten wieder von vorne, wenn du den ersten Patienten durch die Strategie gebracht hast.

1. Schritt (Alter): Das Besondere an der Struktur der Aufgabengruppe ist, dass jeweils drei Patienten immer in einer gleichaltrigen Altersgruppe sind. Macht summa summarum fünf

Altersgruppen, die im Alter aufsteigend geordnet sind. Das ist in jedem Fall so.

Das Alter der Patienten ist der Ausgangspunkt der Strategie.

Hast du schon einmal von der *Loci-Methode* gehört? Bei der Loci-Methode speicherst du dir abstrakte Informationen, indem du sie an verschiedenen Orten in deinem Gedankenpalast „ablegst". Dabei vereinfachst du die Informationen so weit, bis du sie dir bildlich vorstellen kannst.

Wir erinnern uns: „Bilder sind die Sprache unseres Unterbewusstseins." Wie du das explizit machst?

Jede der fünf Altersgruppen bekommt einen der fünf Räume zugesprochen. Suche dir also fünf Räume aus deinem Leben, die folgende Bedingungen erfüllen:

> *Du kennst sie in- und auswendig.*
>
> *Sie sollten nebeneinander liegen.*
>
> *Sowohl innen als auch außen solltest du sie auseinanderhalten können.*

Funfact: Meine Räume waren Direktorat, Sekretariat, Lehrerzimmer, Bio-Vorbereitungskurs und ein Klassenzimmer. Und ja, ich habe diese Räume in- und auswendig gekannt. Frag nicht warum.

Sobald du fünf Räume gefunden hast, lege eine *Reihenfolge* fest, die sich auch nicht mehr ändert.

Dem ersten Raum wird von nun an immer die jüngste Altersgruppe zugeteilt. Dem zweiten die zweitjüngste. Und so weiter.

Jetzt legen wir das Fundament, um die Räume mit Leben füllen zu können. Dafür legst du in jedem Raum *jeweils drei Orte* fest, an denen du die Geschichten abspeichern wirst (z.B. Tageslichtprojektor, Lehrerpult und mein Sitzplatz in der letzten Reihe). Diese Orte ändern sich auch nicht mehr.

Fun fact: Das jeweilige Alter der fünf Altersgruppen brauchst du dir nicht zu merken. Denn wenn die Frage nach dem Alter eines Patienten aufkommt, *muss* die Frage den Namen, das Geschlecht, den Beruf, die Eigenschaft oder die Krankheit dieses Patienten enthalten. Diese Information führt dich in ein bestimmtes Zimmer. Zähle den Platz dieses Zimmers in der Reihenfolge.

Es wird mindestens eine Frage geben, die alle Altersgruppen zur Auswahl hat. Da sowohl die Fragen, als auch die Antworten jeweils auf den wahren Patientendaten basieren, bekommst du die echte Altersverteilung serviert, ohne dass du sie dir merken musst. Sogar schon nach Alter sortiert, also genau in der richtigen Reihenfolge. Guter Zimmerservice, oder? Die Nummer des Zimmers zählst du von oben ab. Wunderbar!

Der Patient in Quarantäne ist...

(A) ca. 20 Jahre alt.
(B) ca. 30 Jahre alt.
(C) ca. 35 Jahre alt.
(D) ca. 45 Jahre alt.
(E) ca. 1000,2 Jahre alt.

2. Schritt (Name): Die Grundstruktur steht. Jetzt beginnen wir die Räume mit Leben zu füllen.

Noch einmal die Grundregel: Je sexueller, seltsamer, brutaler und/oder witziger die Assoziationen, desto einprägsamer.

Beginne mit dem ersten Patienten im ersten Raum am ersten Ort. Präge dir Namen, Beruf, Geschlecht, Eigenschaft und Krankheit ein. Mache dann erst mit dem zweiten Patienten im ersten Raum am zweiten Ort weiter.

Leider muss diese Aufgabengruppe unglaublich spontan bearbeitet werden. Deshalb kann ich dir jetzt nicht speziell sagen, was du dir vorstellen sollst, wenn der Patient Morosow heißt, weil in jeder Aufgabe der zufällige Namensgenerator von Neuem angeworfen wird. Aber ich gebe dir natürlich allgemeine Tipps, die du dann spontan anwenden kannst:

Namen als Gegenstand vereinfachen.

Namen als Beruf vereinfachen.

Name hat Person aus deinem Freundes- oder Bekanntenkreis – besonders gut zu merken.

Bei komplizierten Namen aus Wortstamm oder Teil des Namens Assoziation kreieren.

Diese Assoziation verknüpfst du jetzt so geschickt mit den nachfolgenden Eigenschaften des Patienten, sodass eine unvergessliche Geschichte oder Situation entsteht. Der TMS schafft eben unvergessliche Momente.

3. Schritt (Beruf/Geschlecht): Weiter geht's mit dem Beruf. Besonderheit hierbei ist, dass alle drei Patienten einer Altersgruppe Berufe aus einem ähnlichen Berufsfeld ausüben, um zusätzlich Schwierigkeit aufzubauen.

Auch hier wieder Tipps zum Vereinfachen:

Beruf in Utensilien, Arbeitskleidung vereinfachen.

Beruf als Person vorstellen.

Bei dir unbekannten Berufen aus Wortstamm Assoziation kreieren.

Merke: Pro Patient solltest du dir nur maximal zwei Personen vorstellen, da du sonst zu viel unnötige Information mit dazu speichern musst. Der Rest sollten Gegenstände sein, mit denen er agiert, in welcher Form auch immer.

Geschlecht: Das Geschlecht der Patienten versteckt sich in der Berufsbezeichnung. Uff. Noch mehr zu lernende Informationen.

Die gute Nachricht: Du brauchst dir entweder nur das männliche *oder* das weibliche Geschlecht der Patienten zu merken. Denn wenn du dir nur das weibliche Geschlecht mit in die Geschichte integrierst, weißt du beim Fehlen des weiblichen Geschlechts, dass der Patient männlich sein muss.

In jeder Aufgabe kommt das *weibliche und männliche durchschnittlich gleich oft* dran. Entscheide dich also für ein Geschlecht und ziehe es die Übungen durch.

Tipps für einen reibungslosen Ablauf:

> *Füge die äußeren Geschlechtsorgane des Geschlechts zur Geschichte hinzu.*
>
> *Füge Prozesse oder Eigenschaften der Geschichte hinzu, die eindeutig auf das Geschlecht zuordenbar sind.*
>
> *Übertreibe oder untertreibe!*
>
> *Bleibe nicht zu keusch oder zu enthaltsam. Schöpfe dein komplettes post-pubertäres Potential aus.*

4. Schritt (Eigenschaft): In aller Regel setzt dir das Kreativteam entweder ein personenbezogenes Adjektiv vor oder einen krankenhausbezogenen Aufenthaltsort. Aber ganz egal, was kommen mag. Du kannst ganz flexibel und spontan reagieren. Denn jedes Wort kannst du vereinfachen. In jedem Fall. Das gibt doch ein Gefühl der Sicherheit, oder?

Spezielle Tipps für die Eigenschaft der Patienten:

Zu Eigenschaft ein kongruentes Bild herstellen. (Sauerstoffmangel wird zu platzendem Luftballon)

Zu Eigenschaft komplettes Gegenteil herstellen. (Sauerstoffmangel wird zu riesigem Ventilator)

Krankenhausabteilung Wortteil entnehmen und Assoziation kreieren.

5. Schritt (Krankheit): Was wäre denn ein Test für medizinische Studiengänge ohne Krankheiten?

Die Krankheiten, die im Test vorkommen, kennt der Otto-Normalverbraucher oft nicht.

Aber auch hier gilt wieder: Vereinfachen. Dann kannst du dir selbst die wildesten Krankheiten vorstellen.

Nimm aus langen Krankheiten ein Wortteil heraus und kreiere ein ausgefallenes Wort.

Wenn Krankheit zweimal in der Aufgabe vorkommt, beim zweiten Mal neues Wort kreieren.

Schließe die Geschichte des Patienten mit einem *grande finale* ab. Das ganze Spiel sollte *pro Patient* innerhalb von *15 Sekunden* beendet sein.

6. Schritt: Wiederhole direkt nach einer Altersgruppe alle drei Patientengeschichten innerhalb von 15 Sekunden. Also *5 Sekunden pro Patient.*

Gib nicht auf! Du wirst eine Maschine im Assoziieren!

Mögliche Geschichte anhand Beispielaufgabe:

Name: Aaron wird zu Ahorn wird zu Kanada. Mann mit kanadischer Flagge um Schulter.

Beruf: Gärtner wird zu Gartenschere. Schneidet sich Finger mit Gartenschere ab. Springt in Blutlache auf und ab.

Eigenschaft: Ambulanz wird zu Blaulicht. Hat sich blinkendes Blaulicht auf den Kopf gespannt.

Krankheit: Bronchitis wird zu Bronx wird zu Baseballschläger. Er haut immerzu mit dem Baseballschläger auf den abgeschnittenen Finger.

Musiktipp der Woche: "Unstoppable" von Sia.

Tippsi & Tricksi

Die Zeit zieht ins Land. Du wirst Meister deiner Selbst. Da kann es gut und gerne mal vorkommen, dass du eine Geschichte so einprägsam fandest, dass du sie nicht mehr von diesem Platz wegbekommst. Setze Fakten lernen für drei Tage in deinem Lernplan aus und gehe jeweils dreimal pro Tag durch alle Räume und lösche aktiv die Informationen. Die Räume sind wieder frisch geputzt und gestrichen. Stelle dir das so vor.

Die Geschichte ist immer noch nicht weg? Suche dir neue Räume. Aber bitte nicht zu kurzfristig vor dem Test, da du dich in den Räumen perfekt auskennen musst.

Textverständnis

Aufbau

Beispielaufgabe:

"Zum menschlichen Immunsystem gehören Lymphorgane und Lymphbahnen. Einen wesentlichen Anteil an Immunreaktionen besitzen die weißen Blutzellen, insbesondere die Lymphzellen (Lymphozyten), die man in B- und T-Lymphzellen unterteilt. Etwa 25% der weißen Blutzellen sind Lymphzellen. Sie stellen die zelluläre Grundlage des Immunsystems dar. Man unterscheidet die angeborene Immunität (natürliche Immunität) und die erworbene Immunität. Die natürliche Immunität ist die angeborene Widerstandsfähigkeit gegen Krankheitserreger. Die angeborene Immunität wird durch verschiedene Abwehrreaktionen erreicht, z.B. lässt eine gesunde und unverletzte Haut keine Erreger in den Körper eindringen; - schließen Sekretbildungen wie Tränenflüssigkeit, Speichel, Nasensektret aufgrund ihrer schleimigen Beschaffenheit Mikroorganismen ein und entfernen sie mit dem Sekret aus dem Körper; - unterdrücken und vernichten Säuren, die im Körper gebildet werden (z.B. Magensäure), eingedrungene Erreger; - umfließen "Fresszellen" (Phagozyten) eingedrungene Krankheitserreger, z.B. Bakterien oder Viren, aber auch andere Fremdkörper, nehmen diese in ihr Plasma auf und verdauen sie; - töten Enzyme, die sich im Blut befinden, eingedrungene Krankheitserreger ab. Diese unspezifischen Abwehrreaktionen machen unseren Körper auf natürlichem Weg widerstandsfähig (immun) gegenüber Krankheitserregern. Die erworbene Immunität ist das Ergebnis spezifischer Abwehrreaktionen, bei denen sich der Körper mit ganz bestimmten Krankheitserregern auseinandergesetzt hat. Im Körper laufen spezifische Abwehrreaktionen ab. Bei den spezifischen Abwehrreaktionen (Immunreaktion) werden bestimmte Abwehrstoffe gebildet, mit deren Hilfe bestimmte eingedrungene Krankheitserreger abgetötet werden. Diese Abwehrstoffe bleiben im Körper oft längere Zeit erhalten. Dringt der bestimmte Erreger wieder in den Körper ein, wird er von den noch vorhandenen Abwehrstoffen vernichtet. Der sit gegenüber dieser bestimmten Krankheit immun." ... (Biologie Basiswissen Schule, S. 248/249)

9. Klasse. Deutsch. Jahrgangsstufentest. Verstehen tue ich nur Bahnhof. Ich komme besser weg, wenn ich die Sinnabschnitte nach dem Zufallsprinzip einteile, als mir die Struktur der Geschichte zu überlegen. Und das ist doch nicht der Sinn eines solchen Tests, oder? Oder sollte es zumindest nicht sein. Ich hatte

echt Bammel, dass das beim TMS auch so wird. Dass die Fragen eigentlich keine Fragen sind, sondern ein Umstand, der ganz alleine die Funktion hat, deine Dummheit aufzudecken.

Und von meinem Standpunkt kann ich jetzt wirklich eine Lanze für den Test brechen: Alle Fragen und Antworten sind belohnend. Auch bei Textverständnis. Du kannst sie wirklich lösen. Alle. Das Problem ist nur: Die Zeit.

Anstelle von 24 Aufgaben bekommst du 4 Texte vorgelegt. Zu diesen einseitigen Texten kommen jeweils sechs Fragen auf dich zu. In 60 Minuten. Also *15 Minuten pro Text* inklusive Fragen und Antworten.

Einer von den vier Texten wird komplett gestrichen. Du weißt natürlich nicht, welcher. Und ich kann es einfach nicht nachvollziehen, warum die Ersteller in diesem Test Glück oder Pech zulassen. Obwohl ich sie doch gerade so gelobt habe.

Ich sag es lieber nochmal dazu: Vorwissen wird nicht vorausgesetzt, hilft aber.

Gerade in dieser Aufgabe kannst du dich nach ganz vorne bringen, da deine Mitstreiter generell zu wenig Fokus auf Textverständnis legen. Das ist deine Chance! Nutze sie.

Strategie knackig

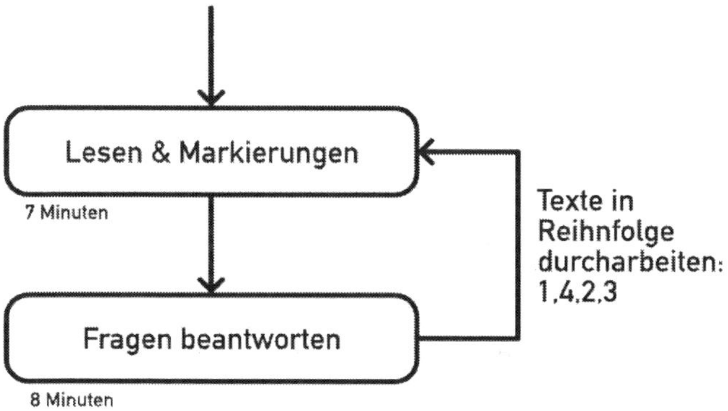

Strategie auseinandergenommen

Ich verweise nonchalant auf die Strategie von medizinisch-naturwissenschaftliches Grundverständnis.

Tippsi & Tricksi

Pro Text hast du 15 Minuten. Teile dir die Zeit so ein, dass du für das Lesen des Texts ungefähr sieben Minuten brauchst. Für das Beantworten der Fragen den Rest.

Bei Textverständnis werden die Randnotizen sehr wichtig. Nutze sie, um Sinnabschnitte mit einem Oberbegriff zu kennzeichnen. Oder wenn du ein wichtiges Schlüsselwort herausheben willst. Schreibe es in abgekürzter Form an den Rand. Wenn dieses Wort dann in Frage oder Antwort vorkommt: Boom Shakalaka.

Natürlich kann dir niemand sagen, welcher Text gestrichen wird. Trotzdem kann man sich dem Thema logisch nähern:

Der Großteil der Teilnehmer wird die Aufgaben von vorne nach hinten bearbeiten. Deshalb wird der erste Text wahrscheinlich von den Meisten bearbeitet, der zweite schon weniger, der dritte noch weniger, wobei der vierte von den Wenigsten bearbeitet wird. Obwohl Text 1 von den Meisten bearbeitet wurde, wird ihn der Testersteller wahrscheinlich nicht streichen, denn er braucht Punkte, um untereinander vergleichen zu können. Aber eben nicht zu viele Punkte, deshalb wird er wahrscheinlich Text 4 ebenfalls mit in die Bewertung einfließen lassen. Sein Ziel: Dass die Teilnehmer durchschnittlich 9 Punkte von insgesamt 18 Punkten bekommen. So kann er eine gleichverteilte Rangfolge erstellen. Das heißt, er wird höchstwahrscheinlich einen der mittleren Texte streichen. Aus diesem Grund würde ich dir die Textreihenfolge 1, 4, 2, 3 empfehlen. Damit bin ich persönlich im Test sehr gut gefahren.

Sichere Variante: Am besten ist natürlich, alle 4 Texte zu bearbeiten. Solltest du aber dafür nach 30 Minuten nicht mehr genügend Zeit haben, versuche bei den letzten beiden Texten wenigstens jeweils vier Fragen zu bearbeiten. So streust du das Risiko.

Risky Variante: Natürlich kannst du auch risken und den Text 2 komplett nach Strategie bearbeiten und den Text 3 auslassen. Wenn du Glück hast, kannst du noch volle Punktzahl abräumen. Wenn du Pech hast, maximal nur zwölf Punkte. Rock 'n' Roll!

Diagramme und Tabellen

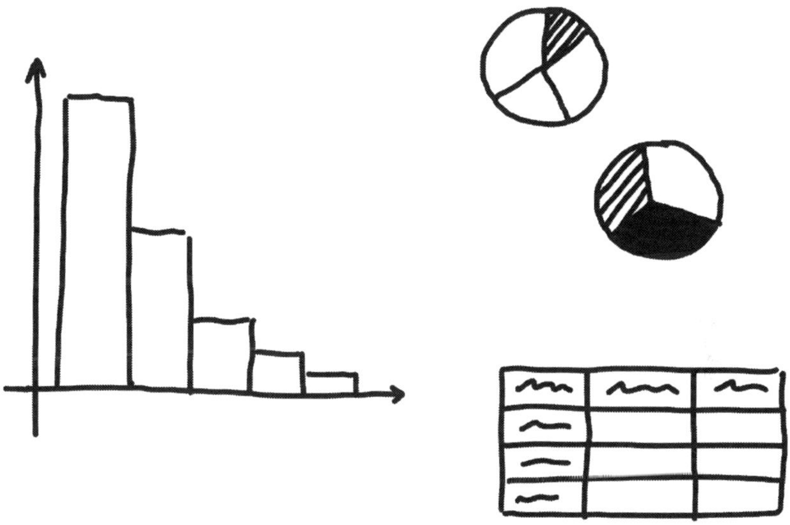

Aufbau

Beispielaufgabe:

In Deutschland wurden 2013 wurde 200 Hunde gemeldet. Davon waren 10% der Rasse A und 25% der Rasse B zurückzuführen. Im Vergleich dazu wurden 2014 schon 300 Hunde gemeldet. Davon 20% Rasse A und 20% Rasse B.

	2013	2014	2015
A	10 %	20 %	30 %
B	25 %	20 %	10 %

Endspurt!

Bei dieser Aufgabe klopft mein übermotiviertes Grundschullehrerin-Herz schneller. 24 Aufgaben nur mit Diagrammen und Tabellen. Für diese 24 Diamanten werden dir 60 Minuten auf dein Zeitkonto verbucht, sprich *2 Minuten* und *30 Sekunden pro Aufgabe*. Aufgrund von Kontoführungsgebühren werden vier Diamanten aussortiert. So werden dir also bei erfolgreichem Bestehen maximal 20 Diamanten auf dein Konto eingezahlt. Die Buchungsbestätigung liegt Ende Juni in deinem persönlichen Account vor.

Nach fünf Stunden Höchstkonzentration wünscht sich dein Körper nur, dass es vorbei sein soll. Konzentration ade! Wer da noch zuschlagen kann, räumt doppelt ab. Wir reißen uns nochmal zusammen und tabellieren wie verrückt. So kannst du deinen Vorsprung weiter ausbauen.

Strategie knackig

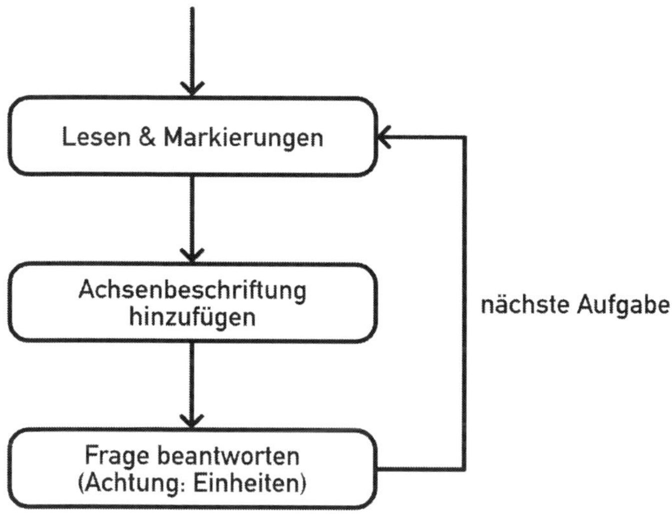

Insgesamt: je 2 Minuten 30 Sekunden

Strategie auseinandergenommen

Konfrontiert wirst du mit den unterschiedlichsten Diagramm- und Tabellenarten. Obwohl; ein Wasserfall-Kombi-Diagramm ist mir dort noch nie über den Weg gelaufen. Aber was nicht ist, kann ja noch werden.

Grundsätzlich werden aber die gängigsten Diagrammarten überprüft. Dazu gehören: Kurven-, Balken-, sowie Kreisdiagramme.

Sidefact: Sollte ein aussergewöhnliches Diagramm oder Tabelle drankommen, wie beispielsweise ein ternäres Mischungsdiagramm, findet sich immer eine passende Erklärung dazu, wie du das Diagramm zu lesen hast.

1. Schritt: Zu jeweils einem Diagramm oder einer Tabelle bekommst du einen kurzen Text mitgeliefert, der dir zum Diagramm zusätzliche Informationen gibt, die für die Beantwortung der Frage relevant sind. Lies zunächst diesen Infotext aufmerksam.

Nimm den Text dabei nach folgenden Markierungsregeln innerhalb maximal *einer Minute* auseinander:

Unterstreiche Signalworte und Zahlen.

Umkastel Einheiten.

Übertrage alle relevanten Informationen schriftlich in das Diagramm oder Tabelle

Schreibe, wenn nicht schon vorhanden, Einheiten an x- und y-Achse. Gibt es irgendwelche Auffälligkeiten im Schaubild?

Sind Zahlen in Prozent angegeben oder absolut?

Ist das Diagramm oder die Tabelle linear, exponentiell oder logarithmisch?

2. Schritt: Lies jetzt erst die Frage und beantworte sie.

Unterstreiche Signalworte und Zahlen.

Nach was ist explizit gefragt?

Bei der Beantwortung Einheiten der Frage und im Text vergleichen.

Kreise jede Information im Diagramm oder Tabelle fett ein, die für die Beantwortung der Frage relevant ist, um wieder schnell zu dieser Stelle zu finden.

Merke: Häufige Fallen, die dir der Test stellen will:

Verwechslung absoluter und relativer/prozentualer Zahl

Hört sich banal an. Aber unter Zeitdruck und Energiemangel tappt man schnell in diese Fallen. Lass uns die Mausefallen kurz entschärfen und den Käse fast gratis abstauben.

Über eine prozentuale Veränderung kann nur eine Aussage gemacht werden, wenn *beide* Prozentzahlen durch *absolute Werte* untermauert sind. Wenn der absolute Wert also nicht angegeben ist, kann auch keine Aussage zur relativen Verschlechterung oder Verbesserung gemacht werden.

Beispiel: Normalerweise darf sich Dudley 50% seiner Geburtstagsgeschenke selber aussuchen. Doch dieses Jahr ist es anders. Er darf sich unglaubliche 75% aussuchen. Er darf sich also mehr Geschenke aussuchen, als letztes Jahr, oder? Das ist zumindest der erste Gedanke. Dann merkst du aber, dass gar nicht angegeben ist, welche Anzahl er letztes Jahr und dieses Jahr bekommen hat. Deshalb kannst du dazu keine Aussage machen.

Vielleicht hat er dieses Jahr nur 4 Geschenke bekommen und letztes Jahr 36. Zugegeben. Bei Dudley kann man davon ausgehen, dass er jedes Jahr mehr Geschenke bekommt. Also haben beide Seiten irgendwie recht. Das ist aber ein Ausnahmefall ;).

Beispiel Antwortsatz: (Jetzt wieder weg von Dudley und zurück zur Aufgabe) "Im Jahr 2015 wurden in Deutschland mehr Hunde der Rasse A gemeldet als im Vorjahr."

Falsch, da die absoluten Werte vom Jahr 2015 nicht vorliegen.

Verwechslung von „auf", „von" und „um"

„Auf", „von" und „um" wird vor allem in der Prozentrechnung genutzt. Nimm die folgenden Definitionen in deinen internen Duden auf.

„Von": Beschreibt den Ausgangswert.

„Auf": Beschreibt, auf welches Endergebnis sich der Wert erhöht oder gesenkt hat.

„Um": Beschreibt, um wieviel sich der Wert erhöht oder gesenkt hat.

Beispiel Antwortsatz: "In Deutschland stieg die Melderate von Hunden der Rasse A im Jahr 2013 um 10% auf 20% im Jahr 2014."

Falsch, da Melderate *von* 10% im Jahr 2013 *auf* 20% im Jahr 2014 gestiegen ist.

Verwechslung Prozentpunkt und Prozent

Sowohl mit Prozent als auch mit Prozentpunkten kannst du Unterschied zwischen zwei relativen Angaben angeben. Nur eben auf eine andere Weise.

Prozentpunkt: Gibt den *absoluten Unterschied* zwischen zwei relativen Angaben an. Beispiel: Erhöhung von 10% auf 20% ist eine Erhöhung um *10 Prozentpunkte.*

Prozent: Gibt den *relativen Unterschied* zwischen zwei relativen Angaben an. Beispiel: Erhöhung von 10% auf 20% ist eine Erhöhung um *100%.*

Beispiel Antwortsatz: "In Deutschland stieg die Melderate von Hunden der Rasse A im Jahr 2013 von 10% *um 10%* auf 20% im Jahr 2014."

Falsch, da Erhöhung nicht um 10%, sondern um 10 Prozentpunkte statt fand.

Fehlende Angaben in der Frage, im Diagramm oder im Infotext

Du hast es sicherlich schon festgestellt: Es geht hier um absolute Feinheiten. Vor allem zum Schluss des Testes wird deine Konzentration noch einmal auf die Zerreißprobe gestellt.

Jede Information in der Frage, im Diagramm oder im Infotext sind von entscheidender Bedeutung.

Entweder wird zu stark verallgemeinert, zu sehr präzisiert oder einfach Informationen weggelassen.

Natürlich entsprechen nachfolgende zu prüfende Antwortsätze nicht dem Schwierigkeitsgrad im Test. Sie sollen lediglich die Strategien veranschaulichen.

Beispielaufgabe:

In Deutschland wurden 2013 200 Hunde gemeldet. Davon waren 10% der Rasse A und 25% der Rasse B zurückzuführen. Im Vergleich dazu wurden 2014 schon 300 Hunde gemeldet. Davon 20% Rasse A und 20% Rasse B.

	2013	2014	2015
A	10 %	20 %	30 %
B	25 %	20 %	10 %

Zu allgemeiner Antwortsatz: „2013 wurden weltweit 200 Hunde gemeldet." *Falsch*, da nicht weltweit, sondern deutschlandweit 200 Hunde gemeldet wurden.

Zu sehr präzisierter Antwortsatz: „Deutschlandweit wurden 2013 in den Landratsämtern 200 Hunde gemeldet."

Falsch, da keine Angabe, ob die Hunde in den Landratsämtern gemeldet wurden.

Wichtige Information weggelassen: „2013 wurden 200 Hunde gemeldet."

Falsch, da sich der Antwortsatz nicht explizit auf Deutschland bezieht.

Auf falscher Information basierter Antwortsatz: „2015 wurden in Deutschland 300 Hunde gemeldet."

Falsch, da in Deutschland 2014 300 Hunde gemeldet wurden, aber keine Angabe zu 2015 gemacht wurde.

Tippsi & Tricksi

Die Devise lautet: Gib nochmal alles! Danach kannst du dich ausruhen. Davor holst du dir noch wertvolle Punkte ab.

Darum zünde alle Energiereserven, die du noch zur Verfügung hast. *Banane* und *Traubenzucker 20 Minuten vorher* sind Pflicht! Wenn du danach in ein Energieloch fällst, ist das egal, weil du dann bereits mit einem Campari-O an dem Sandstrand der Malediven chillst. „Whiskey Sour" kann ich auch sehr empfehlen.

Wenn alle Stricke reißen und du unglaublich unter Zeitdruck bist, kannst du folgenden Trick verwenden. Aber diese Strategie hat nichts mit sicheren Punkten zu tun, sondern eher mit taktischem Lotto-Spielen. Sie ist also nur für den Notfall geeignet:

In aller Regel musst die Richtigkeit der Antwortsätze überprüfen. Beginne mit dem ersten Antwortsatz. Setze, wenn der Antwortsatz *falsch* ist, ein *x* neben den Antwortsatz; wenn er *richtig* ist, ein *Häkchen*. Dies machst du so lange, bis du mindestens 3 Antwortsätze bearbeitet hast.

Entweder liegt nun ein homogenes Antwortverhältnis, also nur x x x oder Häkchen Häkchen Häkchen, vor. Dann musst solange weitermachen, bis ein Antwortsatz ein anderes Kürzel bekommt.

Oder es liegt direkt ein heterogenes Antwortverhältnis vor. Dann kannst du direkt denjenigen Lösungsbuchstaben in deinem Antwortbogen ankreuzen, der in der Minderzahl ist.

Also A = x, B = x, C = Häkchen. Antwort *C muss* zwingendermaßen die *korrekte* Antwort sein.

Sidefact: Mit dieser Strategie musst du *nicht* darauf achten, ob die *Frage positiv oder negativ* formuliert ist.

Falls du dann doch noch Zeit hast, kannst du ja deine Antwort überprüfen, indem du die restlichen Antwortmöglichkeiten untersuchst.

Schubidubidu.

Allgemeine Tipps

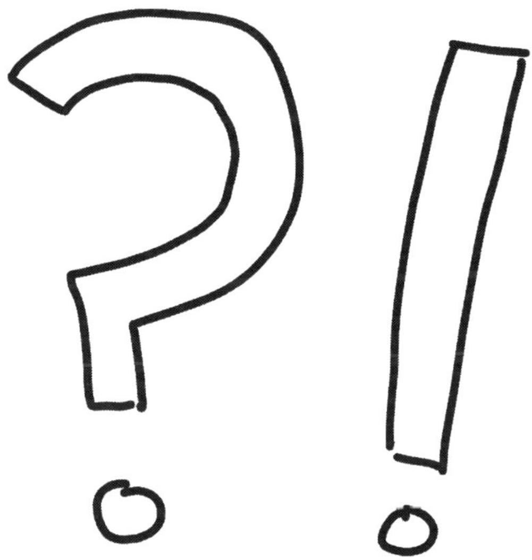

Bald hast du es geschafft! Dann bist du mich los. Vorher aber noch ein paar ganz generelle Tipps für die Bearbeitung jeder Aufgabengruppe:

Streiche falsche Lösungsbuchstaben im Aufgabenheft direkt durch.

Sobald du einen Fehler entdeckst oder eine Antwort ausschließen kannst, streiche sofort den dazugehörigen Buchstaben durch. Das macht klarer, welche Buchstaben nicht mehr infrage kommen.

Umkreise den richtigen Lösungsbuchstaben im Aufgabenheft.

Du konntest den richtigen Buchstaben direkt feststellen oder hast alle falschen Lösungsbuchstaben ausschließen können? Umkreise den richtigen Lösungsbuchstaben in deinem Aufgabenheft. So springt dir die richtige Antwort direkt ins Auge, wenn du deine Lösungen auf deinen Antwortbogen überträgst.

Übertrage die richtigen Lösungen erst nach vier Teilaufgaben oder am Ende einer Aufgabenseite auf deinen Antwortbogen.

Apropos Antwortbogen. Übertrage deine Ergebnisse erst nach vier Teilaufgaben auf deinen Antwortbogen. Oder wenn du am Ende einer Aufgabenseite angekommen bist, weil du sonst bei der Übertragung wieder blättern müsstest. Das spart nicht nur enorm Zeit, sondern du bleibst im Flow, wenn du die Aufgaben ohne Unterbrechungen bearbeitest. Merke dir dabei die vier Lösungsbuchstaben, indem du sie dir im Kopf immer wieder laut vorsagst und übertrage sie dann. Kontrolliere kurz, ob du verrutscht bist und die richtigen Buchstaben angekreuzt hast. Durch diesen Tipp hast du beides aus zwei Welten: Du bleibst in der Konzentration. Trotzdem hast du eine Art Sicherheit, weil du maximal vier Punkte verlieren kannst, wenn die Zeit ausgeht. Wie ein Kletterer, der ein bisschen vor klettert und dann erst die nächste Sicherung in den Felsen schlägt. Außerdem gilt: 5 Minuten vor Ende einer Aufgabengruppe jede Antwort direkt übertragen.

Markiere dir die Aufgabe an den Rand als unbearbeitet, wenn du bei einer Aufgabe nicht weiterkommst.

Du kommst bei einer Aufgabe nicht weiter oder bist dir mit dem Ergebnis unsicher? Kein Problem. Markiere sie dir an den Rad als nicht bearbeitet. Ich habe immer eine flotte Schlangenlinie gezeichnet. Springe dann direkt zur nächsten Aufgabe.

Rate Lösung, wenn du bei Aufgabe nicht weiterkommst.

Bevor du aber zur nächsten Aufgabe springst: Rate. Und dafür kommen zwei Varianten infrage.

Variante I: Entweder kreuzt du wild drauf los ohne irgendeine Strategie.

Variante II: Oder du wählst einen Buchstaben aus, der noch nicht häufig dran gekommen ist und kreuzt ihn bei allen Aufgaben konsequent an, bei denen du nicht weiterkommst.

Aber egal, für welche Variante du dich entscheidest, markiere deine Antwort erst auf deinem Aufgabenblatt und übertrage erst wie gehabt nach vier Teilaufgaben deine Lösungen. Anstatt den Lösungsbuchstaben zu umkreisen, umkastel ihn. So weißt du, dass die Antwort geraten ist.

Beide Varianten haben Vor- und Nachteile. Nachteil von Variante I ist, dass die Wahrscheinlichkeit besteht, keinen Punkt zu bekommen. Ihr Nachteil ist aber zugleich ihr größter Vorteil. Denn für dieses Risiko kannst du auch dafür belohnt werden, dass du alles richtig hast. Variante II streut das Risiko. Dabei ist es unwahrscheinlich, dass man keine oder alle Punkte bekommt. Variante I ist also eher für Risktaker und Variante II für Safe-Points-Getter geeignet. Ich bin Team Variante II.

Abgesehen davon kannst du, wenn du noch Zeit hast, die Aufgaben noch einmal bearbeiten und die Kreuze in deinem Antwortbogen umändern.

> *Bearbeite die ersten und letzten Aufgaben einer Aufgabengruppe zuerst.*

Weiter oben bei Textverständnis habe ich ja die These aufgestellt, dass ich davon ausgehe, dass eher die mittleren Aufgaben einer Aufgabengruppe gestrichen werden. Somit habe ich beim Test zuerst das erste und letzte Drittel bearbeitet, bevor ich mich um das mittlere Drittel gekümmert habe. Ich persönlich bin damit gut gefahren, aber du musst natürlich für dich selbst entscheiden, ob das die richtige Taktik für dich ist.

Aufgaben, je weiter hinten innerhalb einer Aufgabengruppe, umso schwerer?

Es heißt, je weiter man innerhalb einer Aufgabengruppe kommt, umso schwerer werden die Aufgaben. Das kann ich nach subjektiver Meinung nicht bestätigen.

Befolge Anweisungen des Testleiters.

Befolge die Anweisungen des Testleiters extrem genau. Er moderiert dich angenehm durch den Tag. Alles, was du wissen musst, wird er dir zu gegebenem Anlass sagen. Trotzdem ist er knallhart. Sobald er oder seine Hilfssheriffs etwas bemerken, werden sie dir das Blatt wegnehmen. Ohne gelbe Karte. Ohne zweite Chance. Ich habe mir eigentlich vorgenommen zum Schluss hin noch positiv zu werden. Deswegen wieder ein Lied:

„Geiles Leben" von Glasperlenspiel.

Der alles entscheidende Tipp

Üben, üben, üben.

„Übung macht den Meister." Was sich oft nach einer abgedroschenen Floskel anhört, hat einen wahren Kern. Nur wer übt, gewinnt. Und damit meine ich nicht, nebenbei ein bisschen zu üben. Nein, ich meine Boot-Camp. Und natürlich kostet das Zeit, die du viel lieber auf Netflix verbringen möchtest. Aber wenn du am Ball bleibst, dann wirst du belohnt.

Die Strategien und die Tipps sind alle schön und gut. Aber nur mit Übung lassen sie dich zu einem Profi werden.

Das möchte ich dir noch mitgeben: Wenn du wirklich übst und nicht aufgibst, dann wirst du dafür belohnt. Glaub mir. Das ist so. Da kann man sagen, was man will.

„*Übung: Das ist des Rätsels Lösung für 99%.*"

Schluss

Vor Testtag

Meine Empfehlungen

ITB I - III

ITB Consulting GmbH. Hinter dem Namen verstecken sich nicht etwa irgendwelche schmierigen Unternehmensberater, sondern diejenige Firma, die den Test konzipiert. Sie ist also das Gehirn des Testes und die Gebärmutter zugleich. Schön und gut, aber warum ist das denn jetzt so interessant? Einfach aus dem Grund, weil die Mitarbeiter von ITB die hungrigen Mäuler ihrer Brut stopfen müssen. Aus diesem Grund veröffentlichen sie drei komplette Testdurchläufe, die laut eigenen Aussagen Originalversionen des Testes sind.

Vor allem Buch III der Reihe ist ein Must-Have, da es erst letztes Jahr frisch geschlüpft ist. Durch die Bücher kannst du den Schwierigkeitsgrad der Aufgabengruppen ungefähr abschätzen. Das ist wichtig, da die Übungsaufgaben, die du in meinem Buch findest lediglich die Strategien und Tipps veranschaulichen sollen.

ITB stellt ebenso ein Onlineangebot für die Testvorbereitung bereit. Dazu kann ich aber nichts sagen, da ich es nicht genutzt habe.

Merke: Testdurchläufe ein Muss, Onlineangebot ein Kann.

Sophie Hobelsberger-Videos

Ich hoffe, ich darf. Aber ich muss. Sorry. Denn die Videos von Sophie Hobelsberger sind nicht nur inhaltlich extrem gut, sondern sind so gut aufbereitet, dass man richtig Bock und Lust auf den TMS bzw. auf das Medizinstudium bekommt.

Liebe Sophie, danke, für deine Videos, die mich immer motiviert haben, alles zu geben; die mich strategisch weiter gebracht haben und die mir Lust auf das Medizinstudium gemacht haben. Du hast einen ganz großen Teil dazu beigetragen, dass ich so ein gutes Ergebnis in den Händen halten darf. Vielen herzlichen Dank.

Dein Flo.

Timer

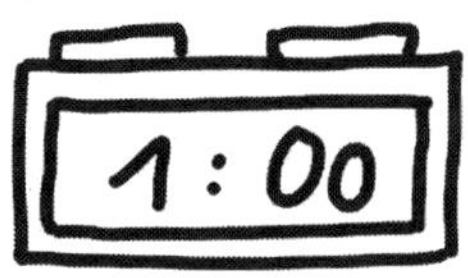

Die gute alte Zeit. Dein größter Konkurrent.

Du siehst die Uhrzeit zwar in deinem Testraum, aber nicht auf die Minute und Sekunde genau. Deshalb darfst du dir einen digitalen Timer mit in den Test nehmen. Er darf aber keine Töne von sich geben, nicht vibrieren oder Lichtsignale geben. Also all das nicht, was deine Nachbarn und dich ablenken könnte.

Empfehlen kann ich die Stoppuhr von infactory. Funfact: Diese Empfehlung hatte ich von Sophie. Dieser Wecker entspricht allen Anforderung. Auch wenn man den Ton per Schieberegler ausmachen kann, bin ich so weit gegangen, dass ich den Lautsprecher mit einem Lötkolben entfernt habe. Ich wollte nicht riskieren, dass die sanften Töne in den Öhrchen des Testleiters alarmartig klingeln.

TMS-Vorbereitungsseminare?

Ich hab zwar eines gemacht, aber mich hat es nicht überzeugt. Sicherlich gibt es auch gute Seminarleiter, aber selbst der beste Seminarleiter kann dir das Üben nicht abnehmen.

Wenn du dich jedoch dazu entscheidest, würde ich das Seminar so früh wie möglich machen, damit du die Strategien trainieren kannst.

Lerngruppen?

Lerngruppen sind auch so ne Sache. Lerngruppen können dich wahnsinnig motivieren, weil geteiltes Leid bekanntlich halbes Leid ist, dafür aber auch richtig demotivieren, weil du dich immer direkt vergleichst.

Wenn du dich für Lerngruppen entscheidest, dann würde ich auf Folgendes achten:

> Maximal 3 Personen.
>
> Keiner redet.
>
> Niemand vergleicht seine Ergebnisse mit den anderen.

Testdurchläufe

Wann, wie viele komplette Testdurchläufe?

Ich habe sie erst zwei Wochen vor dem TMS bearbeitet. So konnte ich mein Können überprüfen und hatte noch genügend Zeit, meine Strategien und mein Zeitmanagement anzupassen. Dabei habe ich Band I von ITB zwei Wochen vorher, Band II neun Tage und Band III drei Tage vor Testbeginn bearbeitet.

Führe dabei die Durchläufe so realistisch wie möglich durch:

> Beginne zur gleichen Zeit (10 Uhr). Einstündige Mittagspause einhalten (ca. 13 Uhr – 14 Uhr).
>
> Benutze nur erlaubte Mittel.
>
> Nachbereitung nicht vergessen.

So kannst du im Test Fehler vermeiden sowie deine Strategien und dein Zeitmanagement noch einmal nachjustieren.

3 Tage vor dem Test

Nachdem ich den letzten Testdurchlauf bearbeitet habe, habe ich nicht mehr geübt. Ich habe nur noch Sachen gemacht, auf die ich richtig Bock hatte. Die mich entspannen.

Gut, ich bin dreimal am Tag meine Räume für Fakten lernen durchgegangen und habe dabei versucht, aktiv alle Informationen zu den Räumen zu löschen. Also all jene Geschichten, die ich mir in diesen Räumen vorgestellt hatte. So war im Test aufnahmefähig für die Informationen der neuen Patienten.

You rock!

Am Testtag

Was muss, darf und darf ich nicht mitnehmen?

Muss mitgenommen werden:

- ❏ Einladung
- ❏ Wenn unter 18, Einverständnis der Eltern
- ❏ Gültiger, amtlicher Lichtbildausweis (Führerschein, Perso und co., nicht Schülerausweis)
- ❏ Ein schwarzer Fineliner und noch einen, falls er den Geist aufgibt
- ❏ Kleidung ;) und das war's dann auch schon wieder

Darf mitgenommen werden:

- ❏ Buntstifte
- ❏ Essen und Getränke
- ❏ Durchsichtige Beutel und Dosen
- ❏ Geldbeutel, Medikamente, Taschentücher
- ❏ Wecker, Stoppuhr

Darf nicht mitgenommen werden:

- Armbanduhren, Smartwatches
- Jacken, Mäntel, Kopfbedeckung, Schals
- Taschen, Rucksäcke
- Kugelschreiber, Bleistift
- Schreibmäppchen
- Taschenrechner, Handy, Kamera, usw.
- undurchsichtige Beutel, Dosen, Schlüssel
- Sitzkissen, Maskottchen
- Zigaretten, E-Zigarette, usw.

Tipps zum Ablauf

Ich diesem Kapitel gebe ich dir speziell zum Testtag Tipps, die mir geholfen haben.

Setze dich weg von deinen Freunden.

Der Testraum ist in Sektoren aufgeteilt. Am Testtag wirst du in denjenigen Sektor verwiesen, der auf deiner Einladung steht. Innerhalb dieses Sektors kannst du dir deinen Platz frei wählen. Sollten Freunde von dir, die den Test auch schreiben, in demselben Sektor wie du landen, dann setzt euch am besten auseinander. Ich habe auch mit einer Freundin den Test angetreten. Wir waren zwar in unterschiedlichen Sektoren, aber falls wir in dem gleichen gewesen wären, hätten wir uns auseinandergesetzt, da wir uns sonst gegenseitig zu sehr verrückt gemacht hätten.

Wenn du also mit deiner Freundin, deinem Freund, Ehe-Partner oder deiner*m Ex schreibst, würde ich mich, wenn ich du wäre, von deinem Anhängsel trennen, sobald du den Testort betrittst. Dabei ist Anhängsel keineswegs despektierlich gemeint. Aber um ein gutes Ergebnis zu erzielen, ist es am besten, wenn ihr beide in einer Blase der Konzentration seid. Damit ihr Turteltäubchen euch nicht zu viele verstohlene Blicke zuwerfen könnt, trennt euch für den Test. Jetzt ist jeder auf sich alleine gestellt. Klärt das schon vor dem Test! Nicht dass es beim Test zu schlechten Vibes oder Ehekrisen kommt. In der Pause dürft ihr natürlich wieder zusammen kommen, aber nur unter einer Prämisse:

Mache dich und andere nicht verrückt.

Mach dich nicht verrückt. Sowohl vor, während und nach dem Testes. Konzentriere dich auf das Wesentliche. Das heißt aber nicht nur Eigenschutz, sondern auch Fremdschutz.

Mache andere nicht verrückt. Versuche zu vermeiden, im Test über die Aufgabengruppen mit anderen Teilnehmern zu reden. Die Gefahr ist einfach zu groß, dass du dich runterziehen lässt oder dein Gegenüber runterziehen könntest. Macht das lieber alles erst nach dem Test.

Deshalb halte Abstand und das nicht nur wegen Corona. Trotzdem solltest du dich ablenken. Entweder mit Menschen, die davor eine Verschwiegenheitserklärung unterschrieben haben oder mit Musik. Und vergiss nicht zu essen. Nom-Nom.

Setze dich möglichst an den Rand.

Wenn du die Möglichkeit hast, sei früher als die anderen im Vorraum, damit du als einer der Ersten in den Testraum gehen kannst. So hast du in deinem Sektor freie Sitzwahl. Ich habe mich an den rechten Rand gesetzt, damit ich nur einen Nachbarn hatte. So habe ich meine Ablenkungen minimiert.

Sprinte am Anfang der Pause zur Garderobe.

Alle Dinge, die du nicht mit in den Testraum mitnehmen darfst, musst du davor an der Garderobe abgeben. Wie im Theater bekommst du eine Nummer, die du dann wieder vorlegen musst. Heb sie dir bitte gut auf. Ohne die Nummer hast du ein Problem. Ich weiß nicht, wie groß, aber groß auf jeden Fall, glaub ich. Ich habe sie bestimmt 10 Minuten gesucht, weil ich sie nicht an einen vorher festgelegten Platz gelegt habe. Das war nicht so nice. Und falls du möglichst viel von deiner Pause haben willst, dann sprinte am Anfang der Pause zur Garderobe, weil eine Supermarktschlange ein Witz dagegen ist. Z-z-z-z. Obwohl man in der Wartezeit bestimmt auf tolle Gedanken kommt.

Die Testleiter lassen sich nicht so leicht verarschen.

Fun-Fact: Jede Aufgabengruppe hat eine andere Blattfarbe als die vorherige. So können die Hilfssheriffs sehen, ob auch jedes ihrer Schäfchen bei der richtigen Aufgabengruppe grast. Dieser Fact ist eigentlich gar nicht so fun, sondern wird ernst, falls du zu einer anderen Aufgabengruppe vor- oder zurückspringst.

Keine zusätzliche Zeit zum Durchlesen.

Ehrlicherweise hat mich das überrascht, dass wir keine zusätzliche Zeit zum Durchlesen der Aufgabengruppen bekommen haben. Das hätte man in der Bearbeitungszeit machen müssen. Deswegen schreibe ich es hier nieder, damit du nicht überrascht wirst. Aber du kennst dich ja in jeder Aufgabengruppe aus. Deshalb ist das kein Problem für dich. Nach einer Aufgabengruppe geht es also direkt ohne Unterbrechung weiter.

Essen und Trinken

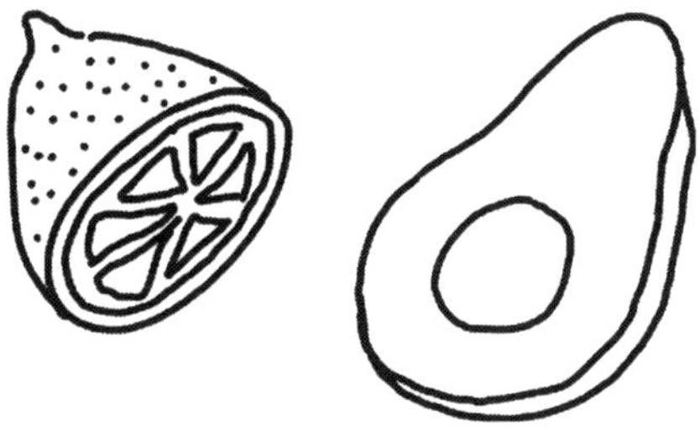

Ganz klar: Wichtiges Thema. Durch die richtige Ernährung bekommst du deine Energie geliefert. Damit Konzentration. Und Konzentration ist Gold wert. Wie also essen und trinken und vor allem: Wann?

Da unterscheide ich noch einmal zwischen „vor dem Testtag" und „am Testtag".

Vor dem Testtag:

Achte auf ausgewogene Ernährung.

In den Tagen und Wochen vor dem Testtag ist es besonders wichtig, auf eine ausgewogene Ernährung zu setzen. D.h. *viele Ballaststoffe, wenig Zucker, viel Obst und Gemüse* und vor allem *ungesättigte Fettsäuren.* Denn darin sind hochwertige Fette enthalten wie Omega-3-Fettsäuren, die die Problemlösungskompetenz fördern und Erinnerungsfähigkeit steigern. Also perfekt für uns. Vor allem in Fisch sind diese Fette enthalten. Da du aber im Test dir und deinen Sitznachbarn zu

Liebe keine Forelle auspacken solltest, kannst du auf die weniger stinkende, aber genauso reichhaltige Alternative der Hülsenfrüchte greifen.

Am Testtag:

Nimm viele Nüsse mit.

Nimm also einen ausreichend großen Vorrat an *Nüssen* und/oder Samen-Kernen mit. Studentenfutter war mein way-to-go und ganz *viele Walnüsse*. Walnüsse sind die Denker-Nüsse schlechthin.

Nimm viel Obst und Gemüse mit.

Nimm auch viel *Obst und Gemüse* mit. Dabei enthalten *Beeren* einen dunklen Farbstoff namens Anthocyane, der die Denkleistung steigern soll. Aber auch anderes Obst wie *Äpfel, Erdbeere, Mangos* sind gute Energielieferanten. Ein Must sind *Bananen*, da sie im Gegensatz zu Traubenzucker dein Energielevel über einen längeren Zeitraum hochhalten. Also am Anfang und nach der Pause jeweils eine Banane zu essen ist Pflicht. Aber auch Avocados haben einen hohen Wert an ungesättigten Fettsäuren, die die Durchblutung deines Denkapparats fördern.

Nimm Essen mit, dass dich glücklich macht.

Verwöhne dich mit frischem Obst oder was auch immer dir schmeckt. Wenn es dann noch gesund ist: Jackpot. Denn so freust du dich aufs Essen. Dadurch isst du viel, wodurch du wiederum viel Energie bekommst. Und schon bin ich glücklich.

Iss regelmäßig und nicht zu viel.

Iss im Test regelmäßig und nicht zu viel. Sodass du durchgehend mit genügend Energie versorgt bist. Am besten ist, wenn den gesamten Test über kein Hungergefühl, aber auch kein Völlegefühl aufkommt.

Lieber zu viel, als zu wenig mitnehmen.

Ich gebe zu: Ich habe diese Phrase möglicherweise etwas zu ernst genommen. Weit über 10 Brotzeitboxen, gefüllt mit allerhand Leckerem. Retrospektiv erröte ich leicht bei dem Gedanken, was die Anderen gedacht haben müssen, als ich mit meinem riesigen Müllsack um die Schulter geschwungen wie ein Weihnachtsmann den Raum durchschritten habe. Mit meinem Essen hätte ich gut die ganze Halle für mehrere Tage versorgen können.

Aber ich hätte es genau so wieder gemacht. Und ganz ehrlich: Hinten raus habe ich dann nochmal richtig zugeschlagen. Also sooo viel war jetzt auch nicht mehr übrig... von der ersten Brotzeitbox.

Trinke genug.

Uii. Trinken. Super wichtiges Thema. *Trinken ist key.* Wer zu wenig trinkt, lässt zu, dass sich seine Gehirnleistung enorm verringert.

Das heißt: *2–3 Liter durch den Tag.* Am besten keine Süßgetränke, wie Cola oder Apfelschorle. Sondern *stinknormales Wasser* ohne

Sprudel. Ansonsten stößt du den ganzen Tag auf. Was auch nicht so geil ist.

Falls du ein Getränk mit Geschmack haben willst, nimm dann noch lieber einen Tee. Denn: Süßgetränke sind harntreibend. Dann musst du öfter aufs Klo. Und das wollen wir nicht.

#JedeSekundeZählt

Toilettengang

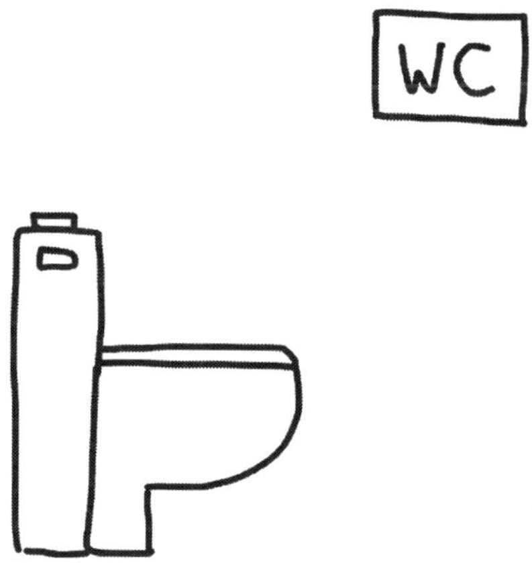

Toilette ist auch so ‘ne Sache. Einerseits musst du natürlich auf’s Klo gehen, weil du sonst zu sehr abgelenkt wirst, andererseits ist jeder Toilettengang zeitaufwändig. Der Idealfall: Du gehst vor dem Test, in der Pause und nach dem Test. Ich weiß natürlich auch, dass das nur in einer Welt, in der Schlösser aus Zuckerguss bestehen, funktioniert.

Geh wenigstens direkt vor dem Test, auch wenn du nicht musst. Wenn wir mal ehrlich sind, kommt doch immer was. Das gleiche natürlich auch wieder am Ende der Pause.

Gehe ausschließlich in einstündigen Aufgabengruppen auf die Toilette.

Wenn du im Test selber auf die Toilette musst, dann gehe *ausschließlich* in denjenigen Aufgabengruppen, bei denen dir die Testleiter 60 Minuten Bearbeitungszeit gönnen. So kannst du deine Abenteuer auf dem Pott zeitlich besser ausgleichen.

Deshalb: Horche frühzeitig in deinen Corpus, ob sich Wasser durch deine Blase bahnen werden wird. Futur III. Gehe dann lieber früher, als etwa bei Figuren & Fakten lernen oder Konzi zu müssen. It's a no.

#HierzähltwirklichjedeSekunde

Beeile dich beim Austreten.

Wenn du dann gehst, gehe nicht, sondern beeile dich. Kennst du die Zwischenform zwischen gehen und laufen? Ich bin auf jeden Fall aus Klo *gelaufen*. Ne, ich sag's, wie es ist: Ich bin gesprintet. Hab schnell mein Geschäft erledigt. Hände gewaschen natürlich. So viel Zeit muss sein. Aber mit warmem Wasser. Damit die Hände beweglich bleiben. Und gut abtrocknen. Sonst könnte das Blatt verschmieren. Und dann wieder zurück. Gerannt, versteht sich. Ich wurde etwas blöd angeschaut, aber das war mir echt irgendwie egal.

Da fällt mir ein Zitat aus Booksmart ein:

„Guten Morgen Gewinnerin, atme tief ein. Du stehst hoch oben auf dem Gipfel deines Erfolges und schaust auf alle hinab, die je an dir gezweifelt haben.
Fick diese Loser und ihre hässlichen Hackfressen."

Ich brauche hoffentlich nicht dazu sagen, dass du dieses Zitat mit einem gewissen Maß an Sarkasmus aufnehmen solltest.

Checkliste zum Heraustrennen für den Testtag

- ☐ Anmeldung
- ☐ Wenn unter 18, Einverständniserklärung der Eltern
- ☐ Personalausweis oder Reisepass (gültig!)
- ☐ 2 schwarze Stifte
- ☐ Essen und Trinken
- ☐ gute Laune

Abschließende Worte

Ich bin irgendwie stolz auf dich. Nein, halt, ich bin stolz auf dich. Das kannst du übrigens auch auf dich sein. Das ist der erste richtige Schritt in die richtige Richtung. So schwer war es doch gar nicht, oder? Jetzt kommt der zweite Schritt: Das Üben. Und dann rein in den Test. Raus kommst du mit deinem hervorragenden Ergebnis.

Nachfolgend versuche ich, dich so gut es geht zu motivieren.

Gib nicht auf! Glaub an dich! Auch wenn es gerade nicht nach deiner Vorstellung läuft. Du weißt nicht, ob die anderen Teilnehmer sich genauso fühlen oder vielleicht sogar noch mieser. *Mache einfach weiter.* Mal unter uns Gebetsschwestern: In so einem Test fühlt man sich jetzt ja nie so besonders bombe. Also ich zumindest.

Beweise es dir selber, denn du hast so viel Herzblut in die Vorbereitung gesteckt. Jetzt heißt es: *Time to shine!* Versprichst du mir, dass du nicht aufgibst? Das ist mir wichtig.

„Et hätt noch emmer joot jejange." Wird schon. Selbst wenn du mit deinem Ergebnis vielleicht nicht so zufrieden bist, weißt du aber, dass du dein Bestes gegeben hast. Das ist alleine schon so viel wert.

Und wenn es nicht direkt mit dem Studienplatz klappt, dann über andere Wege. Erinnerst du dich noch? „Alle Wege führen nach Rom. Auch mit Umwegen." Neben dem TMS gibt es noch so viele

Möglichkeiten, an einen Studienplatz zu kommen. Den HAM-Nat zum Beispiel. Oder den Med-AT. Am Med-AT kannst du sogar jedes Jahr teilnehmen. Außerdem ändert sich ja in nächster Zeit das Vergabesystem in Deutschland. Es soll gerechter werden und soziales Engagement mehr in den Fokus ziehen. Und zur Not studierst du im Ausland. Bis jetzt habe ich nur Gutes von Auslands-Studierenden gehört. Klar, das ist teuer, aber du musst dich dann fragen, wie weit du gehen würdest, um deinen Traum zu erfüllen. Aber verletze bitte dabei niemanden.

Informiere dich. Dann merkst du, dass es so viele Möglichkeiten gibt. Zugegeben: Der TMS ist noch einer der leichtesten und unkompliziertesten Möglichkeiten. Schätze ihn also und mach ihn fertig, ohne dich fertig zu machen. Übertriff dich selbst!

Falls du noch irgendwelche Fragen, Wünsche, Anregungen oder Kritik zum Buch oder zum Test hast, kannst du mir gerne schreiben unter:

f.fischer@polyidea.de

Ich antworte natürlich persönlich und so schnell wie möglich. Falls du ein offenes Ohr brauchst, einen Motivationsschub oder ein Taschentuch wegen Freudentränen oder wegen trauriger Tränen, dann melde dich bitte. Schreib mir auch gerne, wie es für dich im Test gelaufen ist und was dich am meisten weitergebracht hat. Ich freue mich, von dir zu hören!

Es war mir eine Ehre. Bis dahin, Dein Florian.

Printed in Germany
by Amazon Distribution
GmbH, Leipzig

22348007R00087